THE

CULTURE PLAYBOOK

ダニエル・コイル 著　桜田直美 訳

最強チームをつくる方法

実践編

Daniel Coyle

60 Highly Effective Actions to Help Your Group Succeed

かんき出版

ジェニーへ

はじめに　チームの文化は努力して獲得するもの

偉大な文化はどこからやって来るのだろう？　それを手に入れるにはどうすればいいのだろうか？　あるいは、問題のある文化を修正する方法はあるのだろうか？

ほとんどの人は、チームの文化はチームのアイデンティティで決まると信じている。つまり、どんな人物で構成されているかということだ。

たとえば、ディズニー、アップル、アメリカ海兵隊といった集団は、とても強固な文化を確立している。彼らの文化はあまりにも特別なので、まるであらかじめそうなるように運命づけられていたかのようだ。

そう考えると、あるチームの文化は固定された性質だということになる。ＤＮＡに深く刻まれているので、変えることは不可能だ。偉大な文化を持つチームもあれば、残念ながらそうではないチームもあるのだろう。

しかし私は、ここで違う考え方を提唱したい。

文化＝行動で決まる

文化を決めるのは、あなたという人物ではなく、あなたの行動だと私は信じている。

文化は天からの贈り物ではない。それは努力して獲得するスキルだ。

そしてすべてのスキルがそうであるように、有効に活用できることもあれば、使い方を間違えることもある。

あなたはおそらく、いい文化と悪い文化の両方を経験したことがあるだろう。強固な文化には、温かく、やる気が鼓舞されるような連帯感があり、そして脆弱《ぜいじゃく》な文化には冷たい機能不全がはびこっているということを、実感として知っているはずだ。さらに両者の間を行ったり来たりするジェットコースターも、経験しているかもしれない。

しかし、おそらくあなたがまだ気づいていないのは、あなたには大きな力があるということだ。その力を使えば、チームの文化をコントロールし、強化することができる。

それを可能にするには、ただ正しい行動を選ぶだけでいい。

私はここ10年ほどの間、地球上でもっとも強固な連帯感を誇る文化のいくつかを研究してきた。たとえば、アメリカ代表女子サッカーチーム、ピクサー、IDEO、NBAのサンアントニオ・スパーズなどだ。そして、研究の成果を『THE CULTURE CODE 最強チームをつくる方法』（小社刊）という1冊の本にまとめている。

はじめに

偉大な文化の背景にある科学を解き明かすことを目指したこの本の出版をきっかけに、私はさらにチームの文化という分野に深くのめり込むことになった。企業やプロスポーツチーム、軍隊だけでなく、教育、テクノロジー、ＮＰＯの分野でトップクラスの成果を誇る集団などからも話を聞いた。彼らの現場を見せてもらい、うまくいっていること、うまくいっていないこと、そしてそうなる理由について研究を重ねていった。

この分野の研究を始めたばかりのころ、私はまず、強固な文化を築き、それを維持している偉大なチームの事例を集め、それを分析するようになった。

いったい彼らには、どのような行動様式があるのだろうか？

そして、役に立つメソッド、たとえば連帯感を築くテクニックや習慣、メンバー間の化学反応を誘発するコツなどが見つかるたびに、私はそれらを記録して「いい行動」というタイトルをつけたファイルに保存していった。

ファイルに保存された資料は順調に増えていき、そして十分に増えたところで、私はついに、収集の成果をまとめてより多くの人とシェアしようと決意したのだ。

これは、実地で効果が証明された行動を集めたカタログだ。

そこで私は、この本をスポーツチームの戦術集である「**プレイブック**」と呼ぶことにした。

この本の使い方

ルール1 自分が今いる場所から始める

たいていの人は、偉大な文化はどこかの理想郷に存在すると考えてしまいがちだ。その幸せな世界では、争いごとなどまったく存在せず、意見の相違さえもめったに起こらない。しかも手に触れるものすべてが黄金に変化する。

しかし、これは何度でも強調しておきたいのだが、そんなことはまったくのおとぎ話だ。どんなに強固な文化であっても、たくさんの問題を抱えている。激しい意見の相違も珍しくなく、失敗も日常茶飯事だ。凡庸な文化との違いがあるとすれば、それは、強固な文化はそういった意見の相違や失敗を、お互いの深いつながりを感じながら経験し、チームがさらに飛躍するために活用するということだろう（TIP23「『成功した文化は何の問題もない』という幻想を捨てる」を参照）。

争いごとがまったく存在しないような理想郷を目指してはいけない。そんなことは不可能であり、必ず失敗に終わるからだ。

あなたに必要なのは、確固としたスキルに裏打ちされたアプローチだ。

自分のチームを振り返り、強みと弱点を把握する。

帰属意識の創造は得意だが、共通の目標を確立するのに苦労しているだろうか？　それとも、リスクの共有は得意だが、メンバー間のつながりは希薄だろうか？

まずは強みを生かすことから始め、次に弱点の克服へと進んでいく。

もう1つ覚えておいてもらいたいのは、多様性、平等、包摂の大切さだ。この本で紹介している「TIP」はあらゆる人を対象にしているが、どんな組織でも、知らず知らずのうちに偏見や不平等が浸透してしまうことがある。

そのため、本書で紹介している行動を実際に採用するときは、多様性、平等、包摂といった価値をつねに前面に押し出すように意識していなければならない。

ルール2　命令ではなく会話を重視する

読者のみなさん、特にリーダーの役割にある人のなかには、本書で紹介しているTIPを利用して、トップダウン形式の文化向上プログラムを始めたくなる人もいるかもしれない。しかし、その誘惑に負けてはいけない。

上からの命令で文化を向上できるチームは存在しない。ここで大切なのは、お互いに協力して道を創造し、その道をともに歩んでいこうという姿勢だ。

この本で紹介している行動は、命令するためではなく、内省と会話を生み出す道具として活用してもらいたい。

また、チームの現状を分析するためのツールも紹介しているので、そのツールを使って現在の文化の状況を知り、進捗状況を計測できるようにもなっている。

ルール3 ルールは存在しない

この本も「絶対」ではない。だから、必ずここに書かれている通りにしなければいけないというわけではない。この本で紹介しているのは、たしかに実地で効果の証明された行動ではあるが、まだまだ向上の余地はある。それぞれを自分で試し、改良を加え、チームのニーズに合わせて自由にカスタマイズしていってもらいたい。

自分にとって効果のある方法が見つかったら、それ以外の方法は無視してかまわない。文化はつねに変化し、進化している。

あなたの仕事は、変化に対応し、そのときどきの状況に合った行動を採用することだ。そうすれば、強固で健全な文化を保つことができるだろう。

そして何よりも大切なのは、「偉大な文化を達成できるのは、選ばれし少数のチームだけだ」という古い思い込みを捨てることだ。文化は魔法ではない。そして石に刻まれているわけでもないので、いつでも変えることができる。チームの文化は、共通の目標に向かうメンバー同士の生きた関係性のなかに存在し、ともに行動することから生まれてくる。

その行動は、今この瞬間に始まっている。

目次 CONTENTS

はじめに　チームの文化は努力して獲得するもの　1
この本の使い方　4
「成功」を科学的に解明する　15

ゲームプランを立てる ステップ1
チームの定義を決める　16

PART 1
安全な環境
安全な環境をつくる――26
#1 「有能な人でなし」を一切許容しない　33
#2 顔のドアはいつでも開けておく　39

#3 会話のきっかけになる話題を用意しておく 41
#4 「クールキッド・バイアス」に注意する 45
#5 「ピザ2枚まで」ルールに従う 49
#6 「ありがとう」は言いすぎるくらいがちょうどいい 50
#7 新メンバーを迎えるときに有効な「PALSメソッド」 54
#8 リモートのメンバーも可能なら最初に顔を合わせる 58
#9 「深い楽しさ」を追求する 60
#10 「私のトリセツ」をつくってシェアする 62
#11 仕事を「生産性」と「創造性」の2つのバケツにわける 65
#12 「PDA」のすすめ（人前で感謝を伝える） 67
#13 多様性と平等を大切にする 69
#14 「フラッシュ・メンタリング」を活用する 85
#15 一緒に何かを学ぶ 87
#16 メンバーがそろって休憩を取ることを習慣にする 89
#17 予算の許すかぎり最高のコーヒーマシーンを設置する 91
#18 週に一度、普段話さない人と電話で話す 92
#19 「上を向く」ときと「下を向く」ときを使い分ける 94

#20 ゴミを拾う 96
#21 「善意の交換」を行う 99
#22 一緒に何もしない時間をつくる 102
ゲームプランを立てる ステップ2
安全性を強化する 104

PART 2

弱さの共有

弱さを共有する―― 114
#23 「成功した文化は何の問題もない」という幻想を捨てる 120
#24 早い段階で失敗が許されることを伝え、何度も伝える 125
#25 ミーティング前のウォーミングアップを実施する 130
#26 3行メールを送る 134

#27 話を聞くときは「魔法のフレーズ」を使う 137
#28 「AAR」を習慣にする 140
#29 バーチャル空間で廊下を歩く 144
#30 「魔法の杖の質問」をする 146
#31 厳しい現実を突きつけず、温かい率直さを目指す 149
#32 メッセンジャーを抱きしめる 152
#33 「失敗の壁」をつくる 154
#34 「秘密なしミーティング」を開催する 156
#35 個人の仕事場所を紹介する 159
#36 普通にメンタルヘルスの話ができるようにする 160
#37 アイデア交換会を開く 164
#38 定期的に「ピットイン」を行う 167
#39 「引き算ゲーム」を行う 170
#40 「増やすこと・変えること」の質問をする 172
#41 ネガティブな話は一対一で伝える 174
#42 「好奇心のタイムアウト」を取る 176
#43 不安パーティを開く 177

#44 自分のバックハンドを見せる 179
#45 観客を入れる 181
#46 プロジェクト完成の儀式を行う 183
#47 「健全な別れ」を実践する 185
#48 リーダーがときどき消える 189

ゲームプランを立てる ステップ3

「弱さ」を強化する 191

PART 3 共通の目標

チームで共通の目標を持つ —— 202
#49 「クサいキャッチフレーズ」を活用する 207
#50 マントラ・マップを作成する 210

#51 「ベスト・バリア」ワークショップを開催する 215
#52 ミーティングの冒頭でチームの目標を確認する 217
#53 ミーティング後の振り返りを習慣にする 219
#54 「今週のインパクト大賞」を発表する 221
#55 物語は貴重な資源だ 223
#56 「カルチャー・キャプチャー」を実施する 229
#57 人工物を活用する 233
#58 「9つのなぜ」ゲーム 236
#59 カルチャー・ブック（デック）をつくる 238
#60 「エクセレンスの見本」をつくる 242

ゲームプランを立てる ステップ4

目標を強化する 245

謝辞 269

本文デザイン・DTP　マーリンクレイン

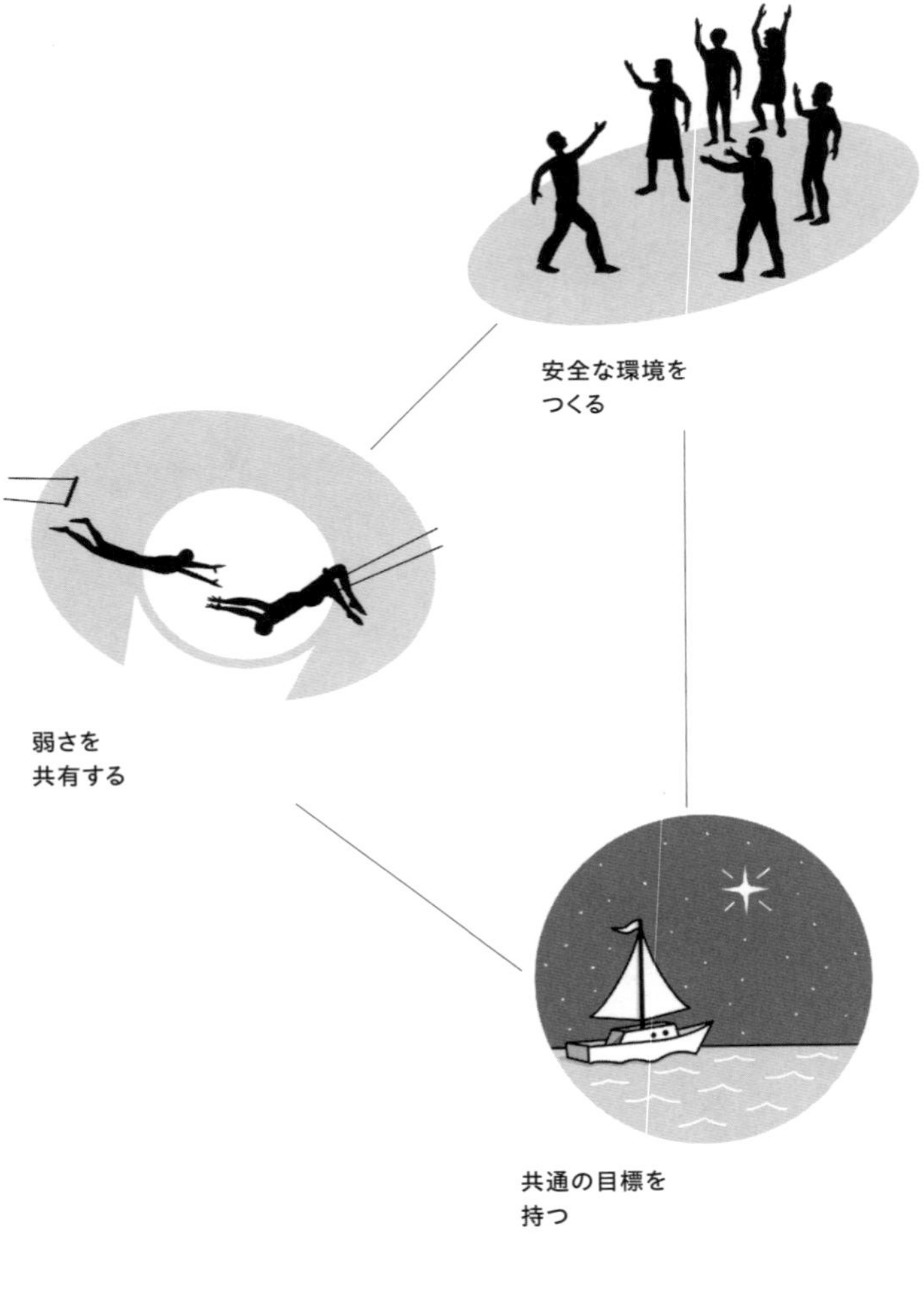
安全な環境を
つくる
弱さを
共有する
共通の目標を
持つ

「成功」を科学的に解明する

あなたはもしかしたら、多くの人と同じように、
こんなふうに考えているかもしれない。

チームの文化なんてあまりにも抽象的な話だ。
ただなんとなくいい気分になるだけで、
具体性や科学的な根拠など皆無だ、と。

しかし、それはまったくの間違いだ。

長年にわたる科学的な研究によって、
強固な文化には３つの欠かせない要素があることは
すでに証明されている。

ここでは、それら３つの要素を参考に、
あなた自身のチームのゲームプランを考えていこう。

THE STRUCTURE OF SUCCESS

ゲームプランを立てる ステップ1

チームの定義を決める

まずは、自分のチームの定義を決めることから始めよう。紙を用意し、チームの名前、チーム内で一緒に働く時間がもっとも長いメンバー、自分の成功ともっとも関わりが深いメンバーをそれぞれ紙に書く。

ここでのコツは、大きく考えるのではなく、むしろ小さく考えることだ。

チームの名前

チームのいちばん大切な仕事

現時点で、あなたのチームの文化はどれくらい強固だろうか?

ここでは自分の希望ではなく、現状を正しく把握することが大切だ。

強固な文化を持つチームには、「安全な環境をつくる」「弱さを共有する」「共通の目標を持つ」という共通する3つの要素がある。

それぞれの要素で、自分のチームの現状を評価してみよう。

最低が1点で、最高が5点だ。

YOUR TURN

安全な環境をつくる

低 □□□□□ 高

1点=誰もチームのつながりを感じていない
→→→5点=すべてのメンバーがチームに対して強い帰属意識を持っている

あなたのチームは何点だろう？
チームの評価を記入する。

弱さを共有する

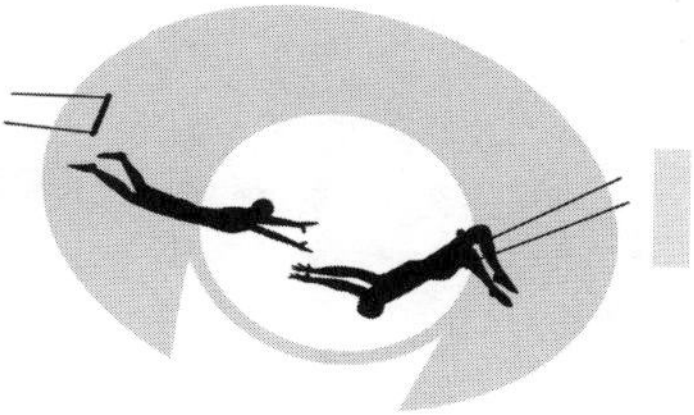

低 □□□□□ 高

1点=誰も本音を話さない

→→→ 5点=お互いを信頼し、どんなに難しい問題やつらいことも打ち明ける

あなたのチームは何点だろう?
チームの評価を記入する。

共通の目標を持つ

低 □□□□□ 高

1点=チームの方向性が存在しない
→→→5点=チームに共通の大きな目標があり、
すべてのメンバーがそこに向かって真剣に進んでいる

あなたのチームは何点だろう？
チームの評価を記入する。

次に、結果を詳しく見ていこう。

最高の状態にある自分のチームの姿を描写してみよう。どのような態度や行動が生まれたときに、チームのエネルギー、つながり、目標を共有できた感覚がもっとも大きくなるだろうか？（このとき、自分たちのチームがドキュメンタリー映画になると想像するといいかもしれない。撮影クルーはどんなことを目撃するだろう？）

YOUR TURN

つねに最高の状態でいられないのなら、その原因は何だろう？
障害になっているものを具体的に描写する。それは何かの習慣や制約かもしれないし、あるいは昔から決まったやり方かもしれない。

障害1

障害2

障害3

チームの文化のうち、絶対に変えてはいけない中心的な要素は何だろう?

YOUR TURN

チームの文化を構成する要素のうちどれか1つを変えられるとしたら、何を変えるだろう？

PART 1

安全な環境

BUILDING SAFETY

THE
CULTURE
PLAYBOOK

安全な環境をつくる

「あなたはチームの一員だ」

強固な文化を持つチームは、その中に入るとすぐにそれを感じることができる。それとは、メンバー同士の温かなつながりであり、すべてのメンバーが自分の意見を述べる意思を共有していることだ。彼らは1つのチームとして考え、そして1つのチームとして何かを感じる。

このようなチームを描写するとき、私たちはよく「化学反応」という言葉を使う。多くの人にとって、この化学反応は謎の存在であり、もしくは単なる偶然の産物だ。

しかし、実際はそうではない。

チームの化学反応、あるいはより正確に表現するなら「心理的安全性」に、謎の要素はまったくない。科学的にも証明されているように、心理的安全性は、「帰属のシグナル」を出し続けることによって築かれていく。帰属のシグナルとは、次のようなメッセージを明確に伝えるちょっとした態度や行動のことだ。

- 私たちはつながっている
- 私たちは同じ未来を共有している
- 私はあなたのことを気にかけている
- ここではあなたの意見が尊重される
- あなたは大切な存在だ

私たちの脳は、帰属のシグナルを感知するとスイッチが切り替わる。危険がないかどうかをつねに探っている「警戒モード」から、周りの人と積極的に協調しようとする「つながりモード」に移行するのだ。

強固な文化を持つチームが帰属のシグナルを大量に発出しているのは、このスイッチを切り替える機能を活用するためだ。メンバーが初めて顔を合わせるときや、初めて意見が一致しなかったとき、初めてチーム全体で何かを学ぶときなど、チームの基本的なあり方が確立されるような大切な瞬間になると、発出される帰属のシグナルの量が特に多くなる。

これらの大切な瞬間で正しい行動を選べば（つまり、大量の帰属のシグナルを発出すれば）、強固な文化の基盤となる「安全な環境」を確立することができる。

映画監督のエイヴァ・デュヴァーネイは、キャストやスタッフ全員の名前を覚えてから初日の撮影に臨むようにしているという。彼女はインドの英語メディアである「ザ・ステーツマン」に次のように語った。

「私はチームのメンバー全員に平等に接します。なぜなら、俳優でも、大道具でも、小道具でも、ヘアメークでも、すべての人が映画の制作に欠かせない存在だからです。カメラの前にいるからといって、その人が他の人よりも偉いということにはなりません」

次からは、帰属意識を形成するのに役に立つ行動を紹介していこう。それらの行動を使うときは、ただ相手を安心させるのが目的ではないということを忘れないでもらいたい。

ここであなたが目指しているのは、新入社員からCEOまで、文字通りすべての人が、大切なときに自分の意見をきちんと表明できるような環境を整えることだ。

ハーバード大学教授で、「心理的安全性」研究のパイオニアであるエイミー・エドモンドソンは次のように言っている。

「誰もが安心して自分の意見を言える環境が確立されている職場では、学習、イノベーション、パフォーマンスが大きく向上する。これは、数々の学術的な研究によって証明された、疑いようのない事実だ」

チームと一緒に考える

安全性について話をしよう

心理的安全性が大きな力を持つのは、それが個人的なことであるからだ。あなたは周りの人たちとの温かなつながりを感じているかもしれないが、隣にいる人はまったく正反対の経験をしているかもしれない。

次の質問について、チームのメンバーと一緒に考えていこう。そのときに忘れないでもらいたいのは、好奇心、客観性、相手への共感を何よりも重視することだ。

メンバーはこのチームの安全性についてどう感じているか？　1点から10点で評価する。
メンバー全員、特に伝統的にマイノリティとされてきた人たちも、同じように感じているか？　もしそうでないなら、その理由は？

メンバー全員が、安心して自分の意見を言えると感じているか？
そう感じていないメンバーにはどんな言葉をかけるだろう？

新しいメンバーが入ってきたときは、その人がチームになじめるように具体的にどんなことをしているか？

リモートで働いているメンバーとの間のつながりを築き、それを維持するために、具体的にどんなことをしているか?

「仕事でもっとも大切なのは始まりの部分である。

――プラトン」

TIP #1

「有能な人でなし」を一切許容しない

有能な人はそれだけで魅力的だ。だからこそ私たちは、結果を出しているなら人間性に問題があっても見逃してしまうところがある。しかし、この考え方は間違いだ。

これまでの研究によって、有能な人でなしがどんなに結果を出しても、その人物の存在からチーム全体が受ける損害のほうが、いつでも大きくなることが証明されている。

有能な人でなしを一切許容しないという方針に効果があるのは、それが明確な帰属のシグナルとしての役割を果たすからだ。「たとえどんなに有能であっても、チーム全体よりも優先されることはない」というメッセージを、チームの全員が受け取ることができる。

このメッセージの力は数々の研究によっても証明されている。礼儀正しさや他者への思いやりを大切にするチームのメンバーは、そうでないチームのメンバーに比べ、他のメンバーと情報を共有する確率が59パーセント高くなるという。

次からは、人でなしのいないチームをつくる方法と、どうしても避けられないメンバー間の衝突に対処する方法を具体的に見ていこう[*1]。

ルール化する

有能な人でなしを一切許容しないという態度を明確にルール化し、採用の過程で候補者にはっきりと伝える。たとえば、採用基準に「人でなし判定」を加えるといいかもしれない。プロバスケットボール（ＮＢＡ）チームのサンアントニオ・スパーズは、毎年のドラフトで、選手をあらゆる面から評価するようにしている。

スパーズの評価シートには、シュートの成功率、スピード、ディフェンス能力といった項目がずらりと並んでいるが、最後に登場する項目は次の通りだ。

□ スパーズにふさわしくない

この項目にチェックがつくと、選手はドラフトの候補から外される。

どんなに能力が高くても関係ない。

もしかしたら人でなしかもしれないという人間を見抜くには、周りの人たちへの接し方をよく観察してみるといいだろう。

たとえばネット通販大手のザッポスでは、候補者を面接会場まで運ぶシャトルバスの運転手にまで話を聞くという。さらに、ノースウェスタン大学ケロッグ経営大学院のディラン・マイナーが考案した3つの質問も役に立つかもしれない。

これらの質問で、有害な態度を示す可能性のある人をあぶり出すことができる。

質問1　AとBのどちらにより同意しますか？
A　ルールはつねに守らなければならない
B　目的を達成するためにはときにはルールを破らなければならないこともある

質問2　AとBのどちらが好きですか？
A　周りの人に近況を尋ねること
B　過去は忘れること

質問3　職場でのあなたはAとBのどちらにより近いですか？
A　イノベーター
B　顧客の代弁者

（答えがB、A、Bの人は、有害な態度を示す可能性が低いと考えられる）

ルールを広める

「このチームに人でなしはいらない」というメッセージを、伝え方を工夫しながら継続して発信する。壁に書いてもいいし、従業員ハンドブックに記載してもいい。

さらに、このチームでは許容されない態度や行動の具体例もあげる（たとえば、尊大な態度、無礼な態度、自分だけ特別扱いを求める、など）。以上のようなルールを、スピーチ、プレゼン、話し合いなどの場で何度もくり返す。

「オールブラックス」の愛称でおなじみのラグビー・ニュージーランド代表チームは、史上もっとも成功したスポーツチームの1つだ。そんなオールブラックスには、「愚か者（ディックヘッド）は去れ」というスローガンがある。あるいは、それと同じ意味で「愚か者（アスホール）禁止」というルールを採用しているチームもある。

どちらも実にシンプルで、勘違いしようのない表現であり、だからこそそこのメッセージは大きな力を持つ。

対峙《たいじ》する

チームの誰かが人でなしのような態度をとったら、すぐにそれを指摘する。その際に気をつけてもらいたいのは、まず問題のメンバーと2人だけになる状況をつくり、そこで相手の人間性を否定するのではなく、許容されない態度だけにスポットライトを当てて指摘するということだ。

それでも態度が改まらなかったら、そのメンバーを切ることをためらってはいけない。問題のある態度をすべて避けることはできないが、チーム全体よりも優先されるメンバーは存在しないという明確なメッセージを送り続けることならできる。

＊1 こんな疑問を持つ人もいるかもしれない。「有能な人でなしでも偉大なリーダーと呼ばれる人はいるではないか。たとえば、スティーブ・ジョブズ、イーロン・マスク、マイケル・ジョーダン、トーマス・エジソンはどうなんだ？」と。その質問に対する答えは、「たしかに有能な人でなしでも偉大なリーダーになれることもあるが、それはレアケースだ」とな

る。たとえば、彼らが率いるチームが、同じマーケットの他のチームよりも戦略的に優位な立場にあるような場合だ。しかし、それ以外の大多数のチームにとっては、有能な人でなしの存在はマイナスにしかならない。どうしてもそのチームに所属しなければならない理由がないので、メンバーは人でなしの態度を我慢せず、ライバルのチームに移ってしまうからだ。スティーブ・ジョブズさえも、人でなしが与える害に気づいてからは実際に態度を改めている。

TIP #2

顔のドアはいつでも開けておく

オープンな表情

ネイビーシールズのあるベテラン指揮官はこんなふうに言っていた。

「人間の顔はドアのようなものだ。閉じることもできるし、開けることもできる。大切なのはいつもドアを開けておくことだよ」

彼が言っているのは顔の表情のことだ。

特に「前頭筋」と呼ばれる目の上の筋肉がカギになる。

眉毛を上げたり、目を見開いたりして前頭筋を活発に動かすと、注意力、エネルギー、熱意、相手に意識を向けているといったメッセージを伝えることができる。

心理学者のクリス・フリスが行った研究によると、目、眉毛、おでこが送り出すシグナルは、顔の下半分が送り出すシグナルよりも「本物で信頼できる」という印象を与えるという（たとえば、口が笑っていても目が笑っていないと、その笑顔は本物ではないと思われる）。

つまり、安全な環境を構築したいのであれば、人体でいちばん大切な筋肉は前頭筋であるということだ。

リモートで働いていて、送ることのできる肉体的なシグナルが限られている場合、前頭筋の動きが特に重要になる。

TIP #3

会話のきっかけになる話題を用意しておく

強固な文化を持つチームにとって、始まりは単なる始まりではない。それは帰属意識が形成されるきわめて重要な瞬間だ。ここで失敗すれば、帰属意識は永遠に失われてしまう。そんな彼らが重視するのは、あまりにもありふれていて、あまりにも過小評価されているツール、それは「アイスブレーカー」だ。

アイスブレーカー（氷を砕くもの）とは、初対面の人たちが集まった状況などで、お互いに打ち解けたり、会話のきっかけをつくったりするためのツールのことだ。

あなたもおそらく、初対面のグループで順番に自己紹介をしたような経験があるだろう。お互いに打ち解けるためだということはわかっていても、恥ずかしくてしかたがないと思ってしまう人も多い。

アイスブレーカーをうまく活用するコツは2つある。

1つは、その恥ずかしさこそがカギであると理解すること。自分の弱さを見せることで、連帯感を深めることができる。そしてもう1つのコツは、無計画の行き当たりばったりではなく、戦略的に利用するということだ。いくつかヒントを紹介しよう。

アイスブレーカーの区別

「初対面」のときに使うアイスブレーカーと、お互いに知っているメンバーが「新しいプロジェクト」のために集まったときに使うアイスブレーカーを区別する。どちらも同じだと思うかもしれないが、この2つの機能はまったく違う。

初対面用のアイスブレーカーは、お互いに相手を人間として知るためのツールだ。それぞれの好きなもの、嫌いなもの、興味があるものを知るためにある。

一方で、新しいプロジェクト用のアイスブレーカーの役割は、チームの目的を明確にし、仕事そのものへの熱意を醸成することだ。

●初対面用のアイスブレーカー

自分にとっての「最高の日」と「最悪の日」について話す。

子ども時代を思い出すとき、まっ先に頭に浮かぶ食べ物は何か？　その理由は？

最初に乗った車について話す。[*2]

●新規プロジェクト用のアイスブレーカー

このプロジェクトでもっとも楽しみなことは何か？

いちばん気がかりなこと、起こってほしくないことは何か？

どんなスキルを磨くことにもっとも興味があるか？

アイスブレーカーの進め方

「ペア・アンド・シェア」のテクニックを使う

いきなりチーム全員の前で自分を開示するのではなく、まず2人1組のペアになって、

2人だけの場所でアイスブレーカーを実施し、その後でお互いの答えをチーム全体にも伝える。

メンバーでいちばん強い人を選んでその人から質問に答えてもらう

誰かが自分を開示することで、他のメンバーも安心して自分を出せるようになる（TIP24「早い段階で失敗が許されることを伝え、何度も伝える」を参照）。

＊2 他にもいくつか紹介しよう。

- 自分について絶対に知っておいてもらいたいことを3つあげる
- このチームで無人島に取り残されたら、あなたはどんなスキルでチームに貢献できるか？
- 自分の日常のサウンドトラックとして1曲だけ選ぶとしたら、あなたは何の曲を選ぶか？
- バーかレストランを自分で設計するとしたら、どんな店をどの場所に出すか？
- 明日から休暇の旅行に出かけるとしたら、どこに行きたいか？ その場所を選んだ理由は？
- どこで生まれ、これまで12カ月以上住んだ場所はいくつあるか？

TIP #4

「クールキッド・バイアス」に注意する

「クールキッド・バイアス」とは、いつもオフィスにいるメンバー（いつも誰かと一緒にいる人気者の「クールキッド」）のほうが価値があるという偏見だ。

この偏見が生まれる背景には、出社することにはリモートワークよりも大きな価値があり、個人の力もより発揮されるという勘違いがある。

なぜこんな勘違いが存在するのかというと、人間の脳には、物理的な距離の近さを好ましいと感じる性質があるからだ。さらに、オフィスに存在することそのものが出世の面で有利になるという思い込みもある。この偏見もある程度まではしかたがないのだが、度を超すとチームにとって有害だ。チーム内に恨みや恐怖を生み、「われわれ対彼ら」の構図を生み出しかねない。対処法をいくつか紹介しよう。

オフィス内で起こったことを全員にもらさず伝える

クールキッド・バイアスが生まれる原因は情報の非対称性だ。だからこの問題を解決したいなら、情報のバランスを取り戻せばいい。スラックなどのデジタルツールを使って、オフィスで起こったことを全員にもらさず伝えるシステムを確立する。

重要なイベント、大きな進歩、課題、メモ、疑問などはもちろん、取るに足りないと思われるような出来事もみんなに伝わるようにする（笑える出来事、記憶に残る出来事は必ず伝えなければならない）。シェアするかどうか迷ったときは、シェアするほうを選ぶ。

リモートで働くことの利点を強調する

昨今はリモートで働くことも珍しくなくなってきたが、それでもリモートワークには特有の疎外感や距離感が存在する。そこで賢いチームは、リモートワークの利点を強調することでお互いの距離を縮めようとする。

私が先日参加したあるリモートの会議では、チームのリーダーが、リモートで働くメンバーの何人かに赤ちゃんが誕生したことを発表すると、リモートワークのおかげで家族と一緒にすごす時間が増えるのはすばらしいことだと指摘した。ちょっとしたことだが、自宅で仕事をすることが豊かな人生につながる点を思い出させてくれる力強い言葉だ。

ジェンダー平等を目指す

リモートと出社を組み合わせたハイブリッドな職場では、ジェンダー格差が大きくなってしまう傾向がある。

一般的に女性のほうが家事の負担が大きいために、出社する社員が男性に偏ってしまうからだ。その結果、リモートで働く女性社員は自分が疎外されていると感じ、それが孤独感やストレスにもつながるかもしれない。

ここでは雇用主側の配慮が求められる。家事や育児との両立ができるような柔軟なスケジュールを組み、有給の育児休暇などのシステムを整えなければならない。

それに加えて、出社とリモートのローテーションを組むという方法も考えられる。そうすれば、全員が実際に出社して他のメンバーと顔を合わせる機会を持つことができるだろう。

「出社」を「ブースター接種」のように活用する

実際に顔を合わせるコミュニケーションとオンラインのコミュニケーションを比較すれば、ほぼすべての面で顔を合わせるコミュニケーションのほうが勝利する。

顔を合わせるコミュニケーションは、より豊かで、より生産的だ。特にクリエイティブな面での差が大きい（TIP11「仕事を『生産性』と『創造性』の2つのバケツにわける」を参照）。

すべてのメンバーがリモートで働いている場合は、たとえばソフトウェア開発会社のGitLabのように、同僚と実際に会うことを推奨し、そのための費用を支給するという方法が考えられる。

数日にわたるこの会合の目的は、仕事をすることではなく、お互いの関係を深めることだ。実際に会って時間をすごすという経験によって、強いつながりが生まれ、仕事のコラボレーションにもつながる。

TIP #5

「ピザ2枚まで」ルールに従う

プロジェクトチームをつくるときは、大きなチームにしたいという誘惑がどうしてもつきまとう。考える頭がたくさんあったほうがチーム全体が賢くなるような気がするからだ。

しかし、その考えは間違っている。プロジェクトチームの人数は6人前後にとどめること。6人という数字には数学的な根拠がある。メンバーが6人いると、2人の組み合わせは15通りであり、これくらいのつながりならコントロール可能だ。これが12人のチームになると、2人の組み合わせが66通りにもなってしまう。

ここでは、「チームの人数はピザ2枚分まで」というルールが役に立つ。管理できないほど大人数ではないが、創造性、つながり、帰属意識を生むには十分な人数だ。

TIP #6

「ありがとう」は言いすぎるくらいがちょうどいい

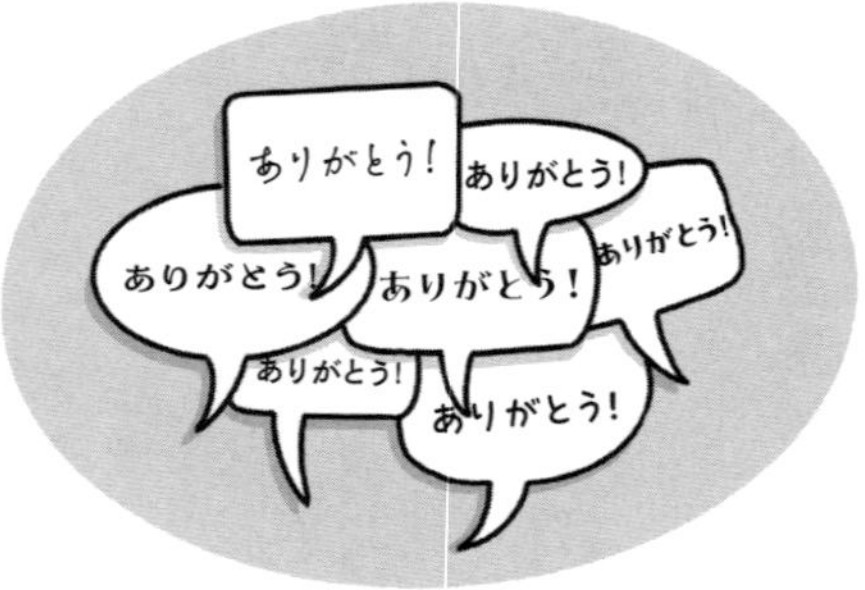

正しい文化の確立に成功したチームには、「ありがとう」という言葉がよく使われるという特徴がある。実際、少し言いすぎなのではないかと思うくらいだ。

たとえば、NBAのサンアントニオ・スパーズでは、ヘッドコーチのグレッグ・ポポヴィッチが、選手を1人ずつ呼んでそれぞれに「コーチをさせてくれてありがとう」と伝えている。

「コーチをさせてくれてありがとう」というのは、彼が使っているそのままの言葉だ。

とはいえどう考えても、この言葉に合理性があるとは思えない。そもそもポポヴィッチも選手も、それぞれの仕事で十分すぎる報酬を受け取っている。それに選手のほうにヘッドコーチを選ぶ権利があるわけでもない。

しかし、強固な文化が確立されたチームでは、このようなことがよく観察される。「ありがとう」という言葉は、ただ感謝の気持ちを伝えているだけではない。お互いのつながりを確認し、チームの帰属意識をより強固にする役割も果たしているのだ。

たとえば、KIPP・インフィニティというチャータースクールを訪問したときも同じだった。チャータースクールとは、独自のカリキュラムで教育を行う公立の特別認可学校のことで、ニューヨークのハーレムにあるこのKIPPは大きな成功を収めたことで知られている。

KIPPでは、先生同士がいつでもお互いに感謝の言葉をかけている。

数学の教師たちは、パイ・デイ（円周率の日）にちなんで学校の事務員からサプライズでTシャツをプレゼントされた。

すると、8年生の数学を教えているジェフ・リーという教師が、同僚の数学教師たちに次のようなメールを送った。

親愛なる数学教師たちへ

第7回の一次関数の中間試験（成績を決める重要なテストの1つ）で、2024年の生徒は、前の2年の生徒よりも優れた成績を収めました。点数は以下の通りです。

2022年：84・5点
2023年：87・2点
2024年：88・7点

このような結果になったのは、生徒たちが5年生のときから一貫して質の高い授業を受けていたおかげです。優秀であるだけでなく、向上のためにつねに努力する先生でいてくれてどうもありがとう。すべて結果につながっています！

ジェフ

このような感謝の習慣には「下流効果」（上流での現象が下流にも影響を与えること）がある。

アダム・グラントとフランチェスカ・ジーノが行った研究で、参加者は架空の人物である「エリック」から求職の書類を書くのを手伝ってほしいと言われた。参加者の半分はエリックから感謝の手紙をもらい、残りの半分はエリックから何の反応もなかった。

参加者は次に、今度は「スティーブ」という学生の手伝いをするように頼まれた。エリックから感謝の手紙をもらった参加者は、何の反応もなかった参加者に比べ、スティーブを手伝う確率が2倍になったという。つまり、エリックの「ありがとう」という言葉が、まったく違う人物に対しても親切にふるまう要因になったということだ。

「ありがとう」は、ただの感謝の言葉ではない。安全、つながり、モチベーションなどを「感染」させる力も持っている。

「よいリーダーシップとは、自分とは違う価値観を持つ人を周りにそろえることだ。そして彼らは、罰を受ける心配をすることなく、あなたの意見に反対することができる。

――ドリス・カーンズ・グッドウィン」

TIP #7

新メンバーを迎えるときに有効な「PALSメソッド」

脆弱な文化と強固な文化の間にあるもっとも大きな違いの1つは、新しいメンバーを迎える初日に現れる。

脆弱な文化のチームは、ただ決められた手順を守るだけだ。「会社の駐車場ではこのパスを見せてください。そしてこれが健康保険の書類です」

一方で強固な文化のチームは、新メンバーを迎える初日を、心理的安全性と帰属意識を確立するチャンスとして活用する。そのときに有効な「ＰＡＬＳメソッド」を紹介しよう。

PALSとは、「Personalized Welcome（相手に合わせた歓迎）」「Artifact（人工物）」「Lunch with the Team（チームとのランチ）」「Solo Meeting with Manager（マネジャーとの個別ミーティング）」の頭文字だ。

1　相手に合わせた歓迎（Personalized Welcome）

新メンバーは温かい歓迎を受け、オフィスに足を踏み入れたときに（あるいはリモートで働いているならログインしたときに）、自分の名前が書かれた「ようこそ」というメッセージを目にする。そして今後いろいろと助けになってくれる案内役のメンバーに紹介される。

2　人工物（Artifact）

新メンバーは歓迎のしるしを受け取る（リモートワークならメールで）。それは1冊の本かもしれないし、チームリーダーからの歓迎の言葉かもしれないし、[*3]おそろいのTシャツのような衣類かもしれないし、チームの仕事を象徴するような何かかもしれない（農業機械メーカーのディア・アンド・カンパニーでは、会社が初めて特許を取得した耕運機のミニチュアを新メンバーに贈る習慣がある）。「これから何か特別なことが始まる」というメッセージを伝えるようなものだ。

3　チームとのランチ（Lunch with the Team）

新メンバーが、数人の既存メンバーとランチを共にする。仕事の話をするためではなく、新メンバーが他のメンバーのことを個人的に知り、チームに溶け込めるようにするためだ。リモートで働いているなら、バーチャルのランチ会や、バーチャルの仕事終わりの飲み会などがいいだろう（費用が会社持ちならなおよい）。

4　マネジャーとの個別ミーティング（Solo Meeting with Manager）

ここでの目的は、短時間の顔合わせでお互いをよく知り、緊張をほぐすことだ。マイクロソフトの研究によると、入社してすぐにマネジャーと個別ミーティングをした人は、より強固なネットワークを築き、より強い帰属意識を持ち、定着率も高いという。

＊3　たとえばアップルでは、新メンバーは初日にチームリーダーから手紙を受け取ることになっている。手紙の内容の一部を紹介しよう。

「安定を求めてここに来る人はいない。アップルで働く人は、みなプールの深い場所で泳ぐことを求めている。何か意義のある仕事をしたいと思っている。何か大きなこと、ここでしか起こらない何かだ。アップルへようこそ」

またピクサーでは、初日の新メンバーを本社の講堂につれていく習慣がある。新メンバーはそこで、リーダーからこんな言葉をかけられる。

「以前はどんな仕事をしていようとも、今のあなたは映画作家だ。私たちは、よりよい映画をつくるためにあなたの力を必要としている」

TIP #8

リモートのメンバーも可能なら最初に顔を合わせる

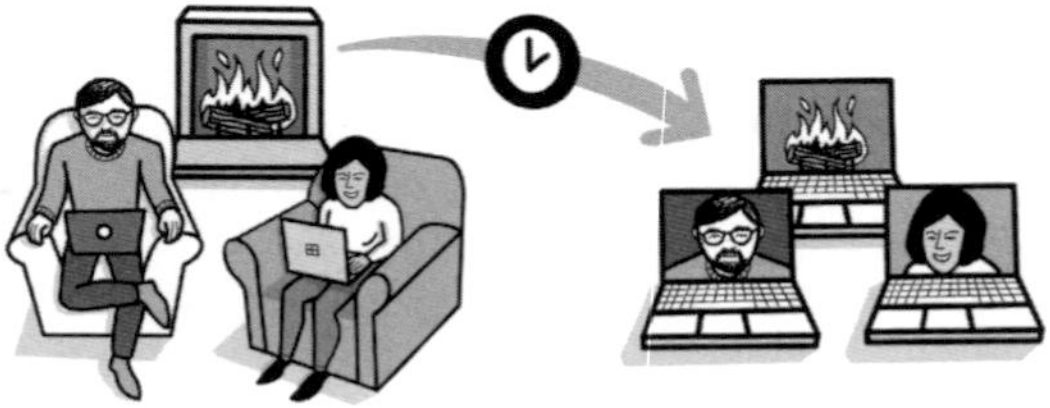

納得のいかない人もいるだろうが、これが進化の結果なのだからしかたがない。人間は、物理的に目の前に存在しない人に対して、そこまで強いつながりを感じることができないようになっているのだ。

そこで賢いチームは、この人間の性質を逆手に取り、最初だけは必ず実際に会うようにしている。そしてリモートワークが始まってからも、定期的に会う機会をつくって絆《きずな》を強める。会う時間は短くてもかまわない。

ここでのいいニュースは、物理的な接触の時間が短くても強固なチームはつくれるということだ。

たとえば、プロジェクトマネジメントのソフトウェア「Basecamp」の開発で知られる37Signalsでは、年に2回、リモートで働くチームが実際に会うことになっている。期間はそれぞれ4日か5日だ。

この間、メンバーはブレインストーミングや報告などある程度の仕事はするが、この集まりの大きな目的は、お互いをよりよく理解し、関係を深めることだ。

TIP #9

「深い楽しさ」を追求する

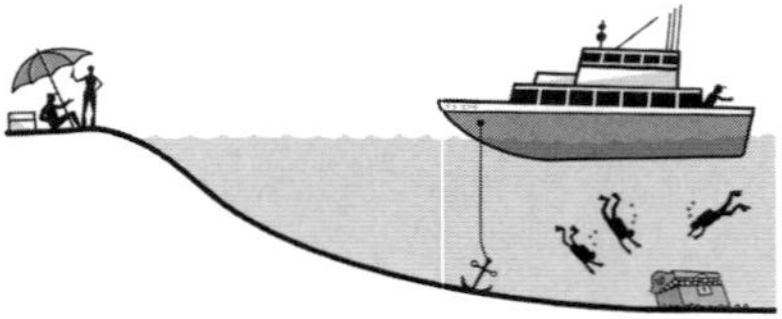

もう何年も前から、オフィスに卓球台やビーズクッションを置いたり、ハッピーアワーを設けたりする会社が増えてきた。「楽しむ」ことでチームのつながりを深めるのが目的だ。しかし、その努力もむなしく、そういった職場での従業員エンゲージメントはほとんど向上していない。そこで、ここではもっといい方法を紹介しよう。カギとなるのは、楽しさには「浅い楽しさ」と「深い楽しさ」の2種類があるということだ。

「浅い楽しさ」は、たとえるなら遊園地のような楽しさだ。みんなで集まってゲームをしたり、一緒に笑ったり、音楽を聴いたりする。浅い楽しさはカンフル剤のようなもので、注入するとチームは一瞬にして活気づくが、その効果は長続きしない。

もう1つの「深い楽しさ」は、チーム全体としての経験を個々のメンバーが共有するときに生まれる。つまり、チームの力を実感したり、チームとして何かを決断したり、チームとして責任を果たしたりしたときに感じる楽しさだ。

たとえば、女子サッカーのアメリカ代表チームは、練習法をチームが決めるだけでなく、大きな試合では自分たちを象徴するスパイクを使用し、ユニフォームにはチームのヒーローたち（マララ・ユスフザイ、セリーナ・ウィリアムズ、ルース・ベイダー・ギンズバーグなど）の名前をプリントする。彼女たちがこの力をピッチの外でも活用し、男子選手と平等の報酬を求める訴訟で力を合わせて闘っているのも、決して偶然ではないだろう。

深い楽しさを経験するのは、たとえば自分で自分の職場をデザインしたり、チームの新人研修の新しいアイデアを出したりするときだ。あるいは、チームの合宿を企画したり、いい仕事をしたメンバーに25ドルの商品券をプレゼントしたりするときだ。もちろん他のメンバーは、このプレゼント企画に自分の自由意思で参加するかどうかを決められる。

さらに、深い楽しさには大きな結果が伴う。ある研究によると、深い楽しさを生むことを心がけている会社は、浅い楽しさしか提供していない会社に比べ、平均の利益が4倍以上、平均の収益が2倍以上になるという。

TIP #10

「私のトリセツ」をつくってシェアする

レイチェルのトリセツ
淹れたてのコーヒーが大好き
2番の鉛筆を愛用
ヘッドホンをつけているときは集中モードに入っています!
隔週で旅行に行く

強固な文化を持つチームには集合的な自己認識がある。つまり簡単にいうと、メンバー同士がお互いの長所や性格、習慣などをよく知っているということだ。そしてその集合的な自己認識が、チームのパフォーマンス向上にも役立っている。

チームの自己認識を生み出す方法の1つは、「私のトリセツ」をつくることだ。それぞれのメンバーが、自分の価値観、コミュニケーション法の好み、やると元気が出る活動、反対にやると消耗する活動などを1枚の紙に書く。基本的な4つの質問に答えるという形にするとわかりやすいだろう。

- 私が最高の自分になれるのはどんなときか？
- 私が最低の自分になってしまうのはどんなときか？
- 「これなら私にまかせて」と言えるものは何か？
- 他のメンバーに望むことは何か？

公教育における有色人種リーダー育成機関のサージ・インスティテュートで会長を務めるカーミタ・セマーンはこう言っている。

「他者と関係を結ぶとは、それぞれの人が必要としているものを理解することでもある。彼らがどんなことに生きがいを感じ、どんなことを嫌うのか、それを理解しておかなければならない。『私のトリセツ』は一種の青写真であり、『これが私という人間で、長所や短所を変えることはできないけれど、自分については正直に開示します。あなたが私に何を期待できるのか、私は何を必要としているのか、どんなことで私を頼ってほしいのかということをわかりやすく伝えます』というメッセージだ」

プロジェクトベースの仕事なら、「チームのトリセツ」をつくっておくと役に立つかもしれない。ここでも1枚の紙に、決まった仕事のやり方、それぞれの役割と責任、核となる価値、コミュニケーション法、ミーティングの流れなどを書く。

つまり、「私のトリセツ」のチーム版だ。

どちらのトリセツをつくるにしても、目的は同じだ。

それは、わざわざ言葉にしないようなことを早い段階でわかりやすく開示し、より円滑なチームワークを確立することだ。

TIP #11

仕事を「生産性」と「創造性」の2つのバケツにわける

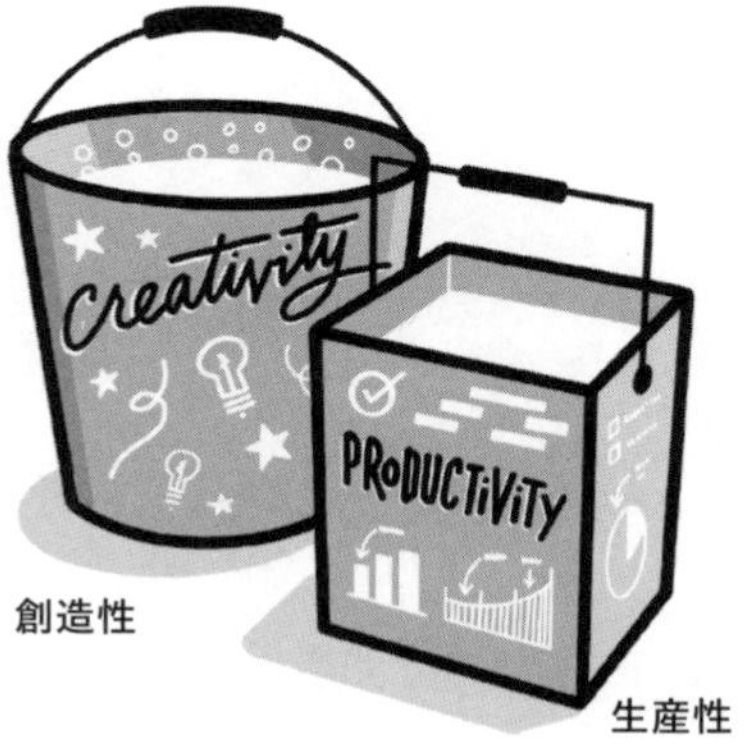

基本的に、仕事には2つの種類がある。

1つは「いつもの仕事」、そしてもう1つは「新しい何かをつくる仕事」だ。

生産的になること、つまりいつもの仕事を効率よく行うことを目指しているなら、リモートワークのほうが優れていることは数々の調査によってすでに証明されている。

その一方で、イノベーションを起こすこと、つまり新しい何かを生み出すことを目指しているなら、物理的に同じ場所にいたほうがいい結果につながるようだ。

研究によると、物理的に同じ場所にいるチームは、リモートで働くチームに比べ、問題について話し合う機会が8倍に増え、より多くのアイデアを出すという。

チームの仕事を「生産性」と「創造性」に分類し、それぞれに適した仕事のスケジュールを組もう。

創造性の仕事であってもリモートワークにせざるをえないという場合は、Muralなどのホワイトボード・アプリを活用すれば、リモートでも円滑なチームワークを実現できるだろう。

TIP #12

「PDA」のすすめ（人前で感謝を伝える）

（PDA＝Public Displays of Appreciation：人前で感謝を伝える）

チームの文化がもっとも強固になるのは、お互いの関係がはっきりと目に見えるときだ。そしておそらく、それを最速で達成する方法は、感謝の気持ちを表現することだろう。感謝に大きな力があるのは、他の感情と違って、与えるほうにも受け取るほうにもエネルギーを与えてくれるからだ。

ここでのカギは、何に感謝しているのかをはっきりさせること。効果的な「ＰＤＡ」には、行動と、その行動が与えたインパクトをつなげる働きがある。

たとえば、「トーニャがまとめてくれたおかげで助かったよ」と言うよりも、「トーニャがまとめてくれたおかげで助かったよ。チーム全体のイノベーションが促進されて、〇〇というブレークスルーが実現できたのはトーニャの力があったからだ」と言ったほうがより効果的だ。

チーム全体で感謝の気持ちを共有する「感謝のチャンネル」を確立しよう。簡単にできて、誰でも見られるような方法が望ましい。

感謝のチャンネルは、たとえるなら地図のような働きをする。チームの温かな関係を視覚化し、チームの原動力になっている隠れたつながりにスポットライトを当てているからだ。

そしてもちろん、感謝する対象が自分と似ているメンバーに偏らないように注意することも必要だ。すべてのメンバーの貢献に感謝し、あらゆる種類の仕事に感謝する。

なかでも見過ごされがちないわゆる「感情労働」や、少数派のメンバーによる仕事は、特に積極的に感謝しなければならない。

TIP #13

多様性と平等を大切にする

どんなチームであっても、多様性、平等、包摂が大切であることはよくわかっている。強固な文化を持つチームが他と違うのは、より高い目標があるという点だ。彼らは帰属意識を確立することを目指している。

平凡なチームと、強固な文化を持つチームを見分けたいなら、「パーティ」の比喩《ひゆ》で考えるのがいちばんわかりやすいだろう。

マイノリティのメンバーの視点で、次の言葉について考えてみよう。

多様性と平等とは、パーティに招待されることだ。
包摂とは、ダンスを申し込まれることだ。
そして帰属とは、そのダンスを本当に楽しいと思うことだ。

人種を超えた帰属意識を確立するのは簡単なことではない。そして著者である私は白人の男性なので、この問題をきちんと理解しているとはとても言いがたい。とはいえ、読者とともに最善の方法を模索することならできると考えている。そして、そのための第一歩は、こう尋ねることだろう。

「最高の状態にある帰属意識は、具体的にどんなふうに見えるのだろう?」

おそらく、私が実際に会ったリーダーたちのなかで、帰属意識の確立にもっとも長《た》けているのはグレッグ・ポポヴィッチだろう。ポポヴィッチはサンアントニオ・スパーズのヘッドコーチで、NBA史上最高のコーチの1人とされている。

彼はこの挑戦に、起業家精神を発揮して取り組んでいる。チームの歴史、伝統、そしてバスケットボール以外の世界について、つねに選手に伝えようとしている。たとえば、私が見学したある練習でこんなことがあった。いつもなら試合の映像を見ながらプレイの分析をする時間に、ポポヴィッチは選手たちに1本のドキュメンタリー番組を見せたのだ。

あれは投票権の人種差別を撤廃した1965年投票権法に関するドキュメンタリーだった。さらにポポヴィッチは、番組を見終わると、今度は選手たちに内容について討論するよう促した。あるいは、こんなこともあった。2015年のNBAファイナル（シーズンの優勝チームを決める決勝シリーズ）を目前に控えたある日の練習で、ポポヴィッチは「エディ・マボ・デー」についての話を始めた。エディ・マボ・デーはオーストラリアの祝日で、先住民の土地所有権を認める判決を記念して制定された。

「（いい意味で）鳥肌が立ったよ」と、パティ・ミルズは、この出来事について『スポーツ・イラストレイティッド』誌に語った。ミルズはスパーズの選手で、オーストラリア先住民の血を引いている。

「あの日はいつもの練習やミーティングとはまったく違う。NBAファイナルの直前だ。決戦に備え、対戦相手のマイアミ・ヒートについても研究しなければならない。メンバー全員が気合い十分だった。それなのに、彼がまっ先に口にしたのがあの話題だったんだ」

しかし、それがポポヴィッチだ。彼は無限の好奇心を持ち、知らない文化を学びたいという欲求をつねに持ち続けている。そして何よりも大切なのは、その文化の価値にスポットライトを当てたいという彼の熱い思いだ。

ポポヴィッチの手法を自分のチームにも応用する方法をいくつか紹介しよう。

1 「気まずい会話」を「いつもの会話」にする

今からそう遠くない昔、私たちは、構造的なレイシズム、偏見、社会問題といった「気まずい話題」は、職場で避けるのが普通だという世界に生きていた。

しかし現代は、すでにそういう会話をするかどうかという段階を超え、むしろチームの文化を強化するために、どのように活用すべきかという段階に達している。

紛争解決のスペシャリストで、全米交渉協会理事のクワメ・クリスチャンも言っているように、「人生でもっともすばらしいものは、難しい会話を超えた先にある」ということだ。そのための方法をいくつか紹介しよう。

A　まず気まずい話題から入る

人種や平等を話題にするのは難しい。特に最初のうちは難しく、なかでも多数派に属するメンバーにとってはさらに難しく感じる。

気まずい話題を普通にできるようになるには、最初に気まずい話題を出してしまうことが大切だ。そうすればメンバーがその種の話題に慣れることができる。

たとえば、「間違ったことを言ってしまうこともあるだろうが、それもしかたがない。この話題については誰もが初心者なのだから」というような言葉があれば、メンバーも安心してこの話題に触れられるようになるだろう。

気まずい話題をポジティブに語りたいなら、コンサルタントのアンジュアン・シモンズが考案した「アルシーア・テスト」[*4]が役に立つかもしれない。チームのリーダーに次の1から3の質問をして、1つでも「ノー」という答えがあったら失格だ。

1　あなたの組織に貢献のある外国人女性の名前をあげることはできますか？

2　彼女たちの最近の仕事を、最低でも2つあげることはできますか？

3　彼女たちがいずれあなたの地位に就くと思いますか？

そして、もう1つ大切なのは、気まずい思いをすること自体が目的だということだ。このエクササイズを行うことで、あなたはいやでも自分自身の本心と向き合うことになる。その結果、隠されていた感情や力学、反応の存在に気づくことができるかもしれない。

これは簡単でもなければ、早く答えが出るわけでもない。それに加えて、最初から気まずさを経験し、さらにプロセスを通してずっと気まずさを経験する必要もある。サージ・インスティテュートのカーミタ・セマーンも言っているように、「気まずさを経験することで人は成長する」ということだ。

B「これは全員の仕事だ」ということを徹底させる

人種と平等の話題には、ある1つの誤解が浸透している。それは、自分の考えや要求を伝えるのはマイノリティのメンバーだけで、多数派である白人の役割はただそれを聞き、学ぶことだけだという誤解だ。このような態度では、最終的には失敗する。

なぜなら、マイノリティのメンバーにばかり面倒な役割を押しつけているからだ（彼らは白人の同僚たちにレイシズムについて「説明」しなければならない）。

もちろん、白人が彼らの話を聞き、自己弁護に走るのではなく、素直な気持ちで学ぼうとする姿勢はとても大切だ。しかし、それだけでは問題の解決にはならない。それに白人のほうも、間違ったことを言ってしまったらどうしようと、いつもビクビクしていることになるだろう。

ここでの解決策は、その恐怖心を表に出すことだ。たとえば、ペンシルベニア州立大学のアメリカンフットボール・チームのやり方が参考になるかもしれない。

ジョージ・フロイドという黒人男性が警察官に殺害され、アメリカ各地で抗議運動が起こると、チームは集まってミーティングを開いた。その際、発言をしたのはほぼ黒人の選手だった。ミーティングが終わると、チームのマネジャーで、白人のマイケル・ヘイゼルは、自分の考えをメールでチームに知らせた。

そろそろ私たち「白人」のメンバーも、このような場で声をあげなければならないときが来たのだろう。カールを除いては、白人のスタッフも選手もまったく発言しなかった。（中略）おそらく理由はたくさんある。もっとも大きな理由は恐怖だろう。（中略）他の人にどう思われるだろうという恐怖。間違ったことを言ってしまうかもしれないという恐怖。誤解されるかもしれないという恐怖。そして、もしかしたら意外に思う人もいるかもしれないが、報復が怖いという気持ちさえあるだろう。寛容と進歩を達成するためには、私たちも自分の弱さを認める必要がある。あえてプレッシャーのある状況に身を置き、自分の気持ちを話さなければならない。（中略）私たち（白人のチームスタッフ）は、あえて気まずい思いをする勇気を持ち、若い白人の選手たちのお手本として、気まずさを受け入れて成長する姿を見せなければならない。

「気まずさを受け入れて成長する」というヘイゼルの言葉はとても力強い。なぜなら、より大きな真実を表現しているからだ。私たちの誰もが、自分の内面を深く掘り下げ、お互いに協力してレジリエンス（立ち直る力）を鍛えることが求められている。

C　感謝を表現する

気まずい会話は決して簡単ではない。そこで強固な文化を持つチーム、なかでもチームのリーダーは、気まずい話題を出してくれたメンバーに感謝するという方法を採用している。チーム内の問題をあえて指摘してくれたメンバーがいたら、そのメンバーには特に感謝しなければならない。（ＴＩＰ32「メッセンジャーを抱きしめる」を参照）。

＊4「アルシーア」とは、シモンズがかつて一緒に仕事をした女性の名前だ。彼女はチームに大きく貢献していたが、マイノリティであるという理由で仕事を認められなかった。

2 共に読み、共に見て、共に振り返る

帰属意識と平等を確立する旅は、新しい視点で世界を見ることを学ぶ旅でもある。

特に大切なのは、新しい自分を発見することだ。だからこそ、チーム全員が共に学ぶことに大きな意味がある。

一緒に映画を観てもいいし、本を読んでもいい（個人的には、デビー・アーヴィング著の『白人の目を覚ます（*Waking Up White*）』や、イブラム・X・ケンディ著の『アンチレイシストであるためには』〈辰巳出版〉の2冊がとても勉強になった）。

そしてその後で、映画や本の内容について話し合う。

あるいは、エディ・ムーア・ジュニアの

「人種平等の習慣を確立する21日間チャレンジ」(https://www.eddiemoorejr.com/21daychallenge) も役に立つだろう。

このチャレンジは、21本の読み物、動画、ポッドキャストで構成されていて、1日に1本ずつ学んでいく。1本の長さは平均して30分ほどだ。アフリカ系アメリカ人の歴史、アイデンティティ、文化を学び、彼らへの理解を深めるとともに、会話のきっかけにもなるような内容になっている。

しかし、ここで忠告しておきたいことがある。これは長い旅であり、自分の内面を深く見つめることも求められるだろう。ユーイング・マリオン・カウフマン財団で人種平等・多様性・包摂の促進を率いるキャスリーン・ボイル・ダーレンはこう言っている。

「この仕事について人々に1つだけ伝えるとしたら、それは時間がかかるということだ。この仕事を始めるにあたり、だいたいのタイムラインやロードマップを決め、それに期待できる成果も考えていたが、物事は思い通りには進まなかった。私たちは依然として、信頼関係を築き、難しい会話にあえて挑戦するというプロセスを、ゆっくりと進めている段階だ。最初から長い道のりになることがわかっていれば、この問題に挑むすべての人にとって大きな助けになるだろう」

3 「文化に合う」という表現ではなく、「文化に貢献する」という表現を使うようにする

いつからそうなったのかは定かではないが、人物を評価するときに「文化に合う」という考え方が便利な基準として使われるようになった。特に採用候補を評価するときにその傾向が強い。

根底にあるのは、チームにすんなり溶け込める人のほうが、チームになじまない人よりも、より多くの価値をもたらしてくれるという思い込みだ。

しかし、この考え方は間違っている。なぜなら、自分に似ている人ばかりが周りに集まり、その結果、成功からもっとも遠くにあるとされる「モノカルチャー」のチー

ムになってしまうからだ。

実際、マッキンゼーが2019年に行った調査によると、人種と民族の多様性で上位25パーセントに入る企業は、下位25パーセントの企業に比べ、収益性が36パーセント高くなるという。

つまり、ここで重視しなければならないのは、文化に合うかどうかではなく、文化に貢献できるかどうかだということだ。

自分と似ている人を探すのではなく、お互いの違いを持ち寄ることで、単純な足し算以上の効果を出すことを目指す。

それを始める方法の1つは、自分とチームのメンバーに次の3つの質問をすることだ。

- 私たちにはどのような新しい視点が必要か？
- どんな新しいメンバーが加われば、私たちは現状を打破することができるか？
- 私たちの仕事では、昔からどんな人や集団が見過ごされてきたか？

4 「私は誰か？」のスピーチを活用する

これは、全米野外活動リーダーシップスクールで長年にわたって用いられてきた方法だ。多様なバックグラウンドを持つ人々の間につながりをつくることを目的としている。

それぞれの参加者は、1人につき5分間、自分について話す時間が与えられる。

いいスピーチには、たいてい次のような要素が含まれている。

●自分の人格を形づくった重要な出来事
●周りにあまり知られていないが、それを知っていれば自分をより深く理解できる事柄
●自分の家族や身内にとって重要な瞬間、決断、出来事（もちろん本人の許可を取ること）

このスピーチをする目的は、メンバー同士の理解を深めることだ。
まず窓を開けて自分を開示し、その後もずっと窓を開けたままにする。

5 データを集めてシェアする

究極的に、「公平」は単なる概念ではなく、むしろ計測可能な結果だ。

強固な文化を持つチームは、採用と包摂のプロセスを数値で評価し、さらに多様なメンバーから意見を募ることを習慣にしている。たとえば、ソフトウェア会社のWorkdayはメンバーに匿名《とくめい》のアンケートを実施し、「帰属指数」という数値を算出している。

アンケートの質問の例をいくつかあげよう。

- あなたは職場でどれくらい幸せですか？
- 職場で自分の意見が尊重されていると感

じますか？

● マネジャーや他のメンバーに安心してフィードバックを与えることができますか？
● 現在の仕事で自分がどれくらい新しいことを学び、成長していると感じますか？
● ワークライフバランスは取れていると思いますか？
● いい仕事をしたときにきちんと認められていると感じますか？

どんな方法を選ぶにしても、「自分たちは今どこにいるか」ということと、「これからどこに向かっているか」ということを確認できるようにしよう。

「多様性はイノベーションを生む。
貢献できる人間を制限すると、解決できる問題も
制限されることになる。
――テル・ホイットニー」

TIP #14

「フラッシュ・メンタリング」を活用する

メンタリングにはとても大きな力がある。メンタリングによってメンバー同士の絆が深まり、それがチームの文化をより豊かにしてくれる。そしてもちろん、教える側にとっても、教えられる側にとっても、メンタリングは深い学びのきっかけになる。

しかし問題は、伝統的なメンタリングは教える側にとってかなり荷が重く、時間もエネルギーも奪われるということだ。そこで、「フラッシュ・メンタリング」の出番となる。

フラッシュ・メンタリングとは、その場限りの簡単なメンタリングのことで、これなら教える側にとって大きな負担にならない。たとえば、若手がベテランをコーヒーに誘い、次のような指導を請う。

- いつもどうやってプレゼンの準備をしているか教えてください
- 今、若い自分にアドバイスするとしたら何と言いますか？
- 前回のプロジェクトの舞台裏について話を聞かせてください。本当にうまくいったことは何ですか？　もっとうまくできたと思うことは何ですか？

シンプルで、よく練られた質問は、意義深い会話のきっかけになる。

たとえば、女子サッカーのアメリカ代表チームでは、前監督のジル・エリスの時代、新しく加入した選手はまず監督からこんな言葉をかけられる。

「年上の選手の隣に座って、体の傷跡について質問してみなさい」

「ベテラン選手には、若い選手に教えられることが本当にたくさんある」とエリスは言う。「すべての成功している選手は、成功するまでに何度も何度も失敗を経験している。若い選手が早い段階でそれを学ぶことができれば、彼女らにとってとても大きな力になる」

ここで教えられる側が忘れてはいけないのは、メンタリングの目的は具体的な知識や事実を手に入れることではないということ。大切なのは、メンターの思考法を吸収することだ。メンターは問題やチャンスをどのように特定し、どのように概念化しているのか。メンターの声を自分の脳内に定着させ、必要なときに参照できるようにすることが目標だ。

TIP #15

一緒に何かを学ぶ

意外に思うかもしれないが、成功した文化を持つチームのなかには、当面の仕事とはまったく関係ないスキルを学んでいるところがかなりたくさんある。

ここで言うスキルとは、たとえば料理、詩作、ヨガ、写真などのスキルだ。

ピクサーはさらに一歩先を行き、社員に「ピクサー大学」という教育プログラムを提供している。ピクサー大学には10以上の講座があり、内容は即興劇から彫刻、デザイン、プログラミング、さらにはジャグリングまで実にさまざまだ。

すべての講座は就業時間内に開催され、仕事を休んで講座を受けるのは普通のことだという考え方が社内に浸透している。

ピクサー大学の利点は、社員が一緒に何か新しいことを学べることだ。入ったばかりのアシスタント社員と、頭にCがつく役職の幹部社員が肩を並べ、一緒に苦労しながら新しいスキルを身につけていく。

そこに上下関係は存在しない。人間的なつながりが自然に生まれ、お互いの関係がさらに深まっていく。外部から講師を招くのではなく、何かのスキルに秀でているメンバーを講師にすれば、さらに大きな効果が期待できるだろう。

TIP #16

メンバーがそろって休憩を取ることを習慣にする

チームが一緒にできる行動はいろいろあるが、なかでも特に効果的で、しかもごく簡単な行動は、全員がそろって休憩を取ることだ。

私が調査したあるデザイン会社には、週に一度、鐘の音を合図に、チームの全員がそろってコーヒー・ブレイクを取る伝統があった。

他には、一緒に散歩をする、メンバー全員でランチを取るなどの方法もある。

アラスカ州ホーマーのツー・シスターズ・ベーカリーでは、毎年行われる夏の音楽フェスティバルの時期になると、スタッフ全員が参加できるように店を休みにするという（店主のキャリー・サーマンは、スタッフのチケット代だけでなく、フェスティバル中のおこづかいも出しているそうだ）。

メンバーが一緒に休憩するという方法に効果があるのは、そこに個人的なつながりやおしゃべりが自然と生まれるからだ。お互いをよく知り、さらに絆を深めることができる。

バンク・オブ・アメリカのコールセンターを対象にしたある調査によると、個別の休憩から一斉休憩に変えたところ、スタッフの定着率が3倍になり、パフォーマンスも23パーセント向上したという。

TIP #17

予算の許すかぎり最高のコーヒーマシーンを設置する

（もちろんお茶も忘れずに）

TIP #18

週に一度、普段話さない人と電話で話す

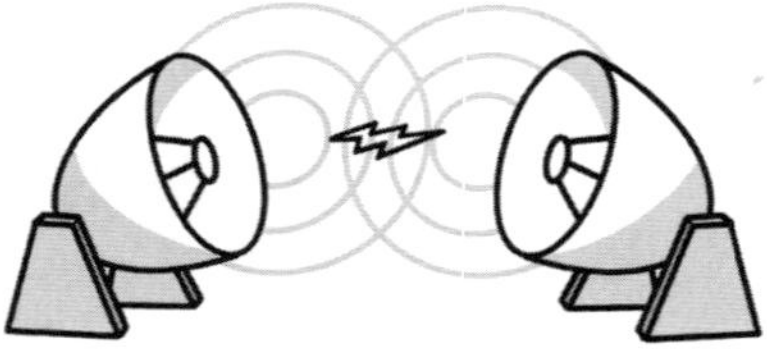

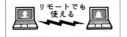

いくつかの研究によると、リモートワークに切り替わった従業員は、「サークル縮小症候群」を経験するという。つまり人間関係の輪が小さくなるということだ。

連絡を取るのは元からよく知っている人ばかりで、遠くにいる人とは接点がなくなっていく。このような状況は、後々問題になるかもしれない。なぜなら、チームの創造性とキャリア開発に、「ゆるいつながり」が大きく関係しているからだ。

この状況の解決策は、週に1回でいいので、内輪のサークルの外にいるメンバーと連絡

を取ることだ。彼らにメッセージを送り、近況報告セッションの約束を取りつけよう。

その際、セッションは電話で行うことをおすすめする。昔ながらの声を使ったコミュニケーションには、ビデオ通話よりも意義深い関係を築く力があるからだ。

TIP #19

「上を向く」ときと「下を向く」ときを使い分ける

物理的なオフィスで働くスタイルには、昔からしつこくつきまとう問題がある。それは、オープンフロアのオフィスにするか、それともプライベートオフィスにするかという問題だ。

オープンフロアを推奨する人たちは、人々の交流が促進されること、イノベーションが生まれやすいこと、柔軟性があることを強調する。

一方でプライベートオフィス派は、オープンフロアのオフィスになると人々の交流はむしろ減少するという研究結果を持ち出すことが多い（その理由は、おそらく誰もがヘッドホンをつけて仕事をするようになるからだろう）。

さらに話を難しくしているのは、この分野にはまだ決定的な研究が存在しないという事実だ。いったいどうすればいいのだろうか？

答えは、これを場所の問題として考えるのをやめ、時間の問題として考えることだ。チームで働く時間と、ひとりで働く時間を明確に区別する。

チームで働くのが「上を向く」ときで、ひとりで働くのが「下を向く」ときだ。たとえば、午前中はひとりで集中して働き、午後はチームとのコラボレーションの時間にするといったスケジュールが考えられる。あるいは、2時間ごとに区切る、1日ごとに区切るといった方法でもいい。とにかく大切なのは、もっとも効率的な方法を選び、そのスケジュールをチームに明確に伝えることだ。

それに加えて、「下を向く」時間用のスペースをオフィスの一部に確保することも考えてみよう。ひとりで静かに働いたほうが生産性が上がるというタイプの人は、その場所を有効に活用することができる。

TIP #20

ゴミを拾う

1960年代の半ば、カリフォルニア大学ロサンゼルス校、通称UCLAの男子バスケットボールチームは、スポーツ史に残る黄金時代を謳歌《おうか》していた。

12年間で実に10回の全国優勝だ。

その当時、1つの試合が終わるたびに、伝説的なヘッドコーチのジョン・ウッデンは、ロッカールームの中を回ってゴミを拾っていたという。

「そのとき彼は、すでに三度の全国優勝を達成していた」と、当時チームのマネジャーを務めていたフランクリン・アドラーは言う。

「選手としても殿堂入りを果たし、コーチとしてもまさに王朝を築こうとしていた。そんな男がロッカールームで腰をかがめて、床に落ちたゴミを拾っているんだよ」

ゴミ拾いをするリーダーはウッデンだけではない。マクドナルド創業者のレイ・クロックも、ゴミを拾うことで有名だった。

「彼は毎晩、道を歩きながら、捨てられたマクドナルドの包み紙やカップを拾っていたんだ」と、マクドナルド元CEOのフレッド・ターナーは、著述家のアラン・ドイッチュマンに語った。

「そして両手いっぱいにゴミを持って店にやってくる。また、ある土曜日の朝には、彼が歯ブラシを使ってモップのバケツを磨いているのを見たこともある。モップのバケツの汚れなんて、誰も気にしていなかった。だって、ただのバケツなんだから。しかしクロックは、モップの水を切る穴にゴミがたまっていることに気がついた。歯ブラシでゴミを取れば、バケツをもっと気持ちよく使うことができる」

ラグビーのニュージーランド代表チーム、通称「オールブラックス」のリーダーたちにも、「Sweeping the Sheds」という習慣がある。これは「小屋を掃除する」という意味で、つまりチームの首脳陣が率先してロッカールームの掃除をするということだ。

彼らはこの行動を通して、チームワークの大切さを身をもってメンバーに伝えている。

この種の価値観を伝える方法はゴミを拾うことだけではない。

他にも、会社の駐車場の割り当てを活用するという方法もある。リーダーがいい場所を独占するのではなく、すべての社員で平等に割り当てれば、チームワークを重視するという力強いメッセージになるだろう。

あるいは、新人も含めてすべてのメンバーの報酬を平等にするという方法もある。

これらの行動に力があるのは、ただ倫理的で、寛容だからというだけではない。

大切なのは、「私たちは1つのチームだ」という明確なメッセージを伝えていることだ。

TIP #21

「善意の交換」を行う

帰属意識を醸成するこのテクニックの生みの親は、今から数千年前にニューギニアのトロブリアンド諸島に暮らしていた人々だ。たしかに古いテクニックだが、現代でも十分に通用する。基本的なステップは次の3つだ。

1　集まる

物理的に同じ場所でもいいし、リモートでもいい。人数は20人までにすること。

2　メンバーが1人ずつ、チームに対して小さなお願いをする

個人的なお願い（犬の散歩を頼みたいのですが、誰かいい人を紹介してもらえますか？）でもいいし、仕事のお願い（スラックでドキュメントのリンクを投稿する方法を教えてください）でもいいし、その中間でもいい。

ここでのコツは、5分以内で解決できるようなお願いにすることだ。

3　それぞれのお願いに残りのメンバーが対応する

自分にできることがあったら、自主的に手助けを申し出るという形だ。

お願いが一通り終わるころには、すべてのメンバーがお願いをする側と助ける側を経験するチャンスを手にしているだろう。部屋の中には感謝の気持ちが満ちあふれ、誰もがメンバーたちとの新しいつながりを感じることができる。

さらに詳しいことを知りたい人は、さまざまなギブ・アンド・テイクの方法を紹介するプラットフォーム「Give&Take Inc.」のウェブサイトへ行き、「Givitas」のコーナー（https://giveandtakeinc.com/givitas/）を参照してもらいたい。

「リーダーの真の権威とは、メンバーが自主的に与えるものだ。そしてメンバーは、恨みやあきらめの気持ちからではなく、心から喜んでリーダーに権威を与える。

――デヴィッド・フォスター・ウォレス」

TIP #22

一緒に何もしない時間をつくる

ゴシップは文化の接着剤だ。チームの士気を下げるような悪口やうわさ話は避けなければならないが、他愛もないおしゃべりの力は大いに活用したほうがいい。

秘密を打ち明け合ったりすれば、チームの連帯感をさらに強めることができる。

だからこそ、高いパフォーマンスを発揮するリモートワークのチームは、ただ「一緒にいる」ための時間をわざわざつくっているのだ。食事でも、おしゃべりでもいいので、その時間は仕事と関係のないことを他のメンバーと一緒に行う。

たとえばグーグルでは、リモートのチームが毎日同じ時間に一緒にティー・ブレイクを取るようにしている。ニューヨークで働いているメンバーもいれば、カリフォルニア州のナパ・バレーで働いているメンバーもいるが、メンバー全員のキッチンはカメラを通してつながっているので、お互いに顔を見ながら一緒にティー・ブレイクを楽しむことができる。

あるいは、「コーヒー・ルーレット」というテクニックを使っているチームもある。これは週に1回のコーヒー・ブレイクで、参加者はルーレットのように無作為に決められる。リモートのチームが一緒に時間をすごすときは、覚えておいてほしいことが2つある。1つは、仕事とはまったく関係のない話題にするということ。そしてもう1つは、画面越しの食事やお茶は、最初はものすごく変に感じるということだ。

しかし慣れてしまえば、とても楽しく、自然に行うことができるようになるだろう。なぜなら、一緒に食事をすることは、それが対面であれ、リモートであれ、もっとも人と人とを結びつける行為だからだ。

ゲームプランを立てる ステップ2

安全性を強化する

心理的安全性は、シンプルな行動のくり返しによって明確なメッセージを発することから生まれる。それは、「あなたの存在は認められている。あなたの意見は尊重されている。あなたはここに帰属している。私たちは未来を共有している」というメッセージだ。

個人の行動1

■ 安全性をマッピングする

チームの安全性は酸素のような存在だ。姿は見えないが、すべてのことを可能にするエネルギー源になる。

1　職務で近い関係にある人のイニシャルをリストにする

YOUR TURN

2　1でリストにした人たちと一緒にいるとき、自分はどの程度の安全性を感じるか？
安全性の高さに基づいて彼らのイニシャルを左の円に書き込む。

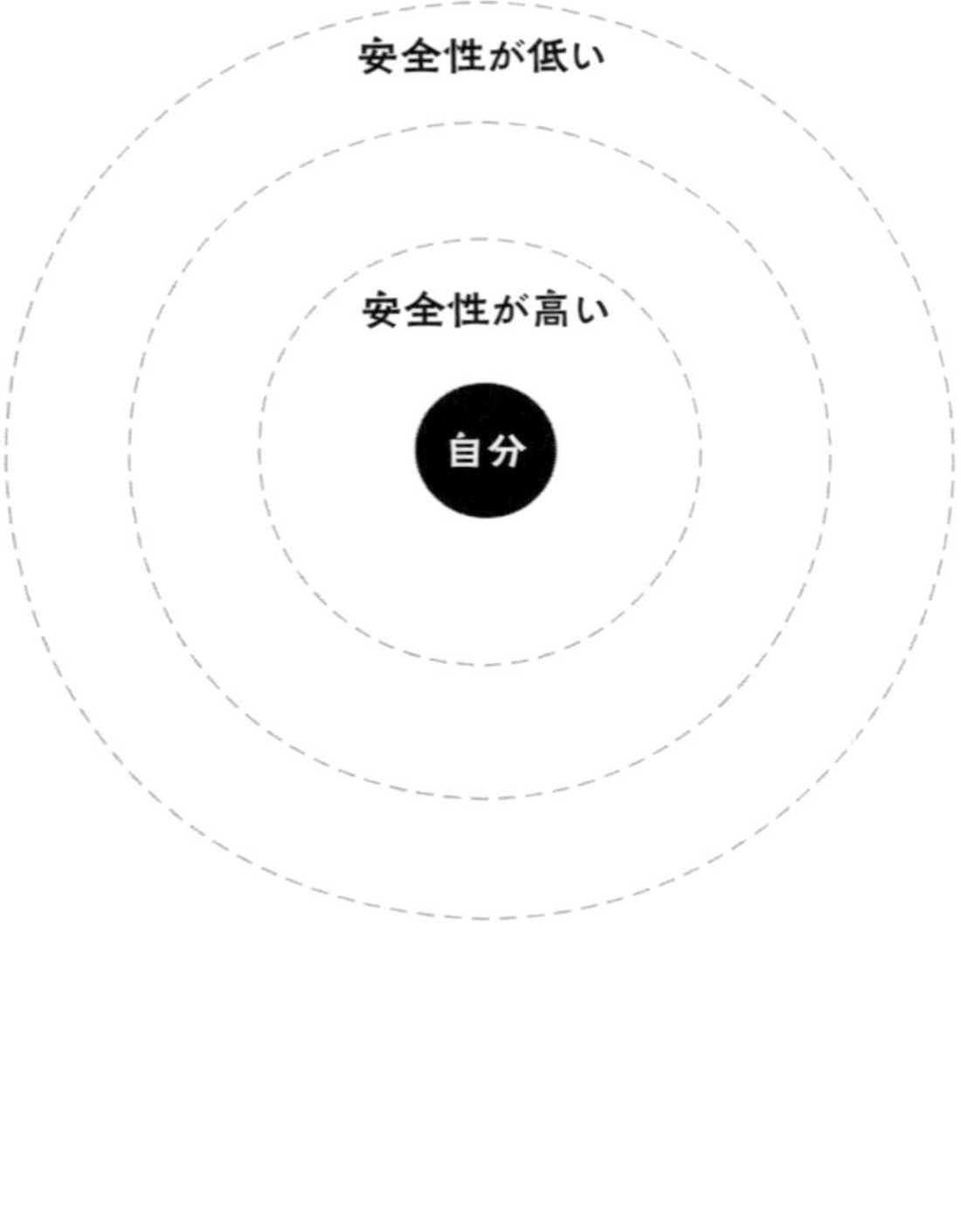

個人の行動2

■内省のための質問

チーム内の安全性と帰属意識をさらに高めるために明日できることを1つ考える。

チームで発言の機会が特に少ない人を1人あげる。その人に、「チームはあなたの意見を必要としている。あなたの意見は尊重されている」と伝えるにはどうすればいいだろう?

次のリモートミーティングで、どんな質問をすればメンバー間のつながりをより強めることができるだろう?

YOUR TURN

チームの行動

ここからは、チームで行う35分間のセッションについて説明していこう。人数は4人から8人を想定している。それよりもチームの人数が多い場合は分割して行い、後でお互いの結果を報告する。

道具：付箋紙《ふせんし》、ペン、ホワイトボード（デジタル版でも可）

行動1

それぞれのメンバーに、次のリストから自分がやりたいことを2つ選んでもらう。やりたいことを付箋紙に書き（1枚につき1つ）、ホワイトボードに貼る（所要時間5分）。

行動リスト

- 「有能な人でなし」を一切許容しない
- 顔のドアはいつでも開けておく

- 会話のきっかけになる話題を用意しておく
- 「クールキッド・バイアス」に注意する
- 「ピザ2枚まで」ルールに従う
- 「ありがとう」は言いすぎるくらいがちょうどいい
- 新メンバーを迎えるときに有効な「PALSメソッド」
- リモートのメンバーも可能なら最初に顔を合わせる
- 「深い楽しさ」を追求する
- 「私のトリセツ」をつくってシェアする
- 仕事を「生産性」と「創造性」の2つのバケツにわける
- 「PDA」のすすめ（人前で感謝を伝える）
- 多様性と平等を大切にする
- 「フラッシュ・メンタリング」を活用する
- 一緒に何かを学ぶ
- メンバーがそろって休憩を取ることを習慣にする
- 予算の許すかぎり最高のコーヒーマシーンを設置する
- 週に一度、普段話さない人と電話で話す

YOUR TURN

●「上を向く」ときと「下を向く」ときを使い分ける
●ゴミを拾う
●「善意の交換」を行う
●一緒に何もしない時間をつくる

あるいは、自分で行動を考える。

1

2

3

行動2

その行動を選んだ理由と、その行動が与えるかもしれないインパクトについて話してもらう（所要時間10分）。

行動3

チームで話し合いながら、それぞれの行動が下の図のどのマスに入るかを考える。

ここでの目標は、右上のマスに入る行動（簡単にできてインパクトが大きい行動）を2つか3つ見つけることだ（所要時間10分）。

行動4

行動3で見つけた2つか3つのことを実行するために、必要なステップを具体的に考える。たとえば、明日できることは何だろう？ 必要な道具は？ 誰に参加してもらうか？（所要時間10分）

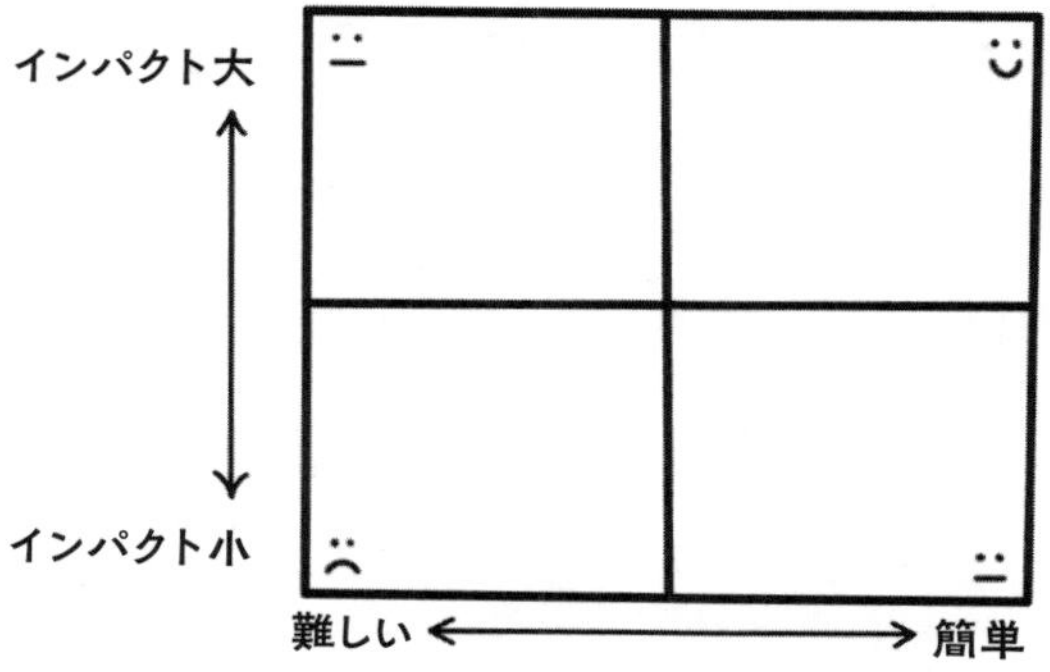

実行1
ステップ

実行2
ステップ

実行3
ステップ

PART 2

弱さの共有

SHARING VULNERABILITY

弱さを共有する

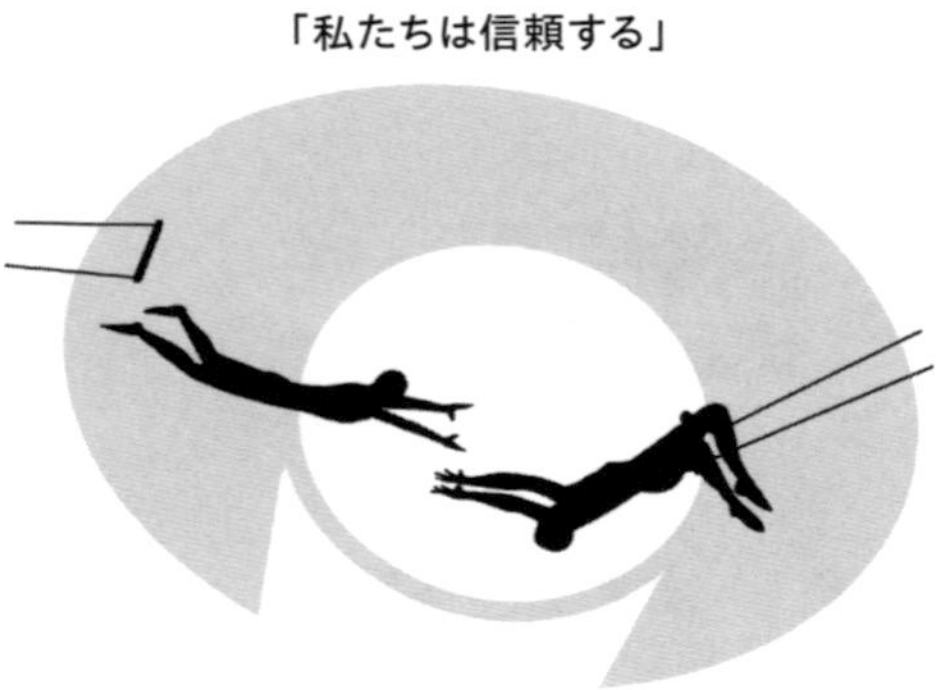

強固な文化を持つチームを観察していると、信頼に基づく協力が起こる瞬間を何度も目撃することになる。コミュニケーションを取ったり、事前に計画を立てたりしなくても、チームは1つになって動き、思考する。

問題が起こったときの彼らは、まるで珊瑚礁を泳ぐ魚の群れのようだ。誰かが指示を出さなくても、群れが一体となって珊瑚の合間を華麗に泳いでいく。

しかし、彼らのようすをさらによく観察してみると、他にも気づくことがあるだろう。

まるで1つの脳で考えているかのようなスムーズな連携のなかにも、それほどスムーズでも華麗でもない瞬間が存在する。お互いにギクシャクし、気まずい空気が流れ、難しい会話がくり広げられている。人々が困難に直面し、協力して解決しなければならないとき、そこには大きな緊張関係が出現する。

このような瞬間は「弱さのループ」と呼ばれる。弱さのループは、信頼関係を構築するプロセスの核になる要素だ。2人かそれ以上の人が集まり、自分たちは答えを知らないことを認め、弱さを共有したときに弱さのループは生まれる。

この現象の根拠となるのは、「他者とともにリスクを取ると、その人たちとのつながりがより深くなり、協力関係が生まれる」という心理学的な事実だ。

私たちは通常、信頼と弱さの関係は、しっかりした地面に立って未知の領域に飛び込むのと同じだと考えている。つまり、まず信頼関係を築き、それから弱さを開示するという順番だ。

ところが、強固な文化を観察してみると、実際の順番はその逆だということがわかる。信頼関係があるから弱さを見せるのではない。まず弱さを見せ、そこから信頼関係が生まれるのだ。共同でリスクを取ったとき、そこには信頼というしっかりした地面が出現する。

率先して弱さを見せるには勇気が必要だ。そこでお手本になるのが、ビル・ゲイツとともにビル＆メリンダ・ゲイツ財団を率いるメリンダ・ゲイツだろう。

今から数年前、チームの信頼関係を強化したいと考えたメリンダ・ゲイツは、ある動画をつくって内部で公開した。セレブが自分を批判するX（旧ツイート）のポストを読む動画を模したスタイルで、彼女は動画の中で自分のパフォーマンス評価を読み上げている。しかも、もっとも厳しい評価から読み始めた。

最初に読んだ評価には、「メリンダはまるであの忌々《いまいま》しいメリー・ポピンズのようだ。何もかもが完璧すぎる」と書かれていた。メリンダはそれを読んで笑うと、素直に受け入れた。そして、自分の欠点やいたらなさをリストにしていった。彼女はこうすることで、謙虚な姿勢の手本を示し、チームの結束力をさらに強めることに貢献したのだ。

自分の弱さをさらけ出すのは、決して気持ちのいいものではない。

しかし、気まずさを感じることこそが、このエクササイズのいちばんの目的だ。続けていれば、この感覚にもだんだんと慣れてくるだろう。むしろ恥ずかしさや気まずさを歓迎するようになるかもしれない。

チームの信頼感を高めるのは、筋肉を鍛えるのと同じだ。痛みがなければ、成長もない。そして鍛えれば鍛えるほど、筋肉は大きくなる。

チームと一緒に考える

弱さについて話をしよう

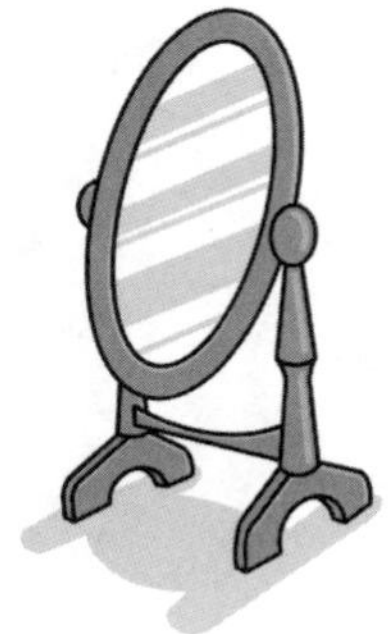

たいていの人は、まず信頼関係を築き、その後で弱さを見せるのが普通の順番だと信じている。

しかし、実際の順番はその逆だ。

メンバーが弱さを開示し、それを共有することで信頼関係が築かれる。

まず弱さを見せ、そこからチームの結束やメンバー同士の化学反応が生まれる。

チームの大きな懸念事項だが、誰もが避けていた話題を1つ選ぶ。

誰かが大きな失敗をしたとき、チームの典型的な反応はどんなものか？　なぜチームはそのような反応をするのか？

チーム内でもっとも近しく、もっとも固い信頼で結ばれている関係について考える。どんな行動や習慣がその関係を築いたのか？

バーチャルも含め、チームが集まるあらゆる方法を考える。
そのなかで、もっとも関係を強化する集まりは何だろう？
反対に関係を弱める集まりは？

◯関係を強化する集まり

◯関係を弱める集まり

TIP #23

「成功した文化は何の問題もない」という幻想を捨てる

おそらく、成功した文化にまつわるもっとも一般的な誤解は、みんな仲良しでハッピーで、ケンカも口論も失敗もほとんど起こらないというものだろう。

実際のところ、これほど現実からかけ離れている思い込みもめったにない。

成功した文化は、意見の不一致などの緊張関係を超越しているのではない。むしろそれを歓迎し、文化をさらに強固にするための燃料として活用している。

成功した文化を持つチームは、あえて気まずい会話を行うようにしている。意見の相違から目をそらさず、失敗をチャンスととらえる。なぜなら彼らは、チームの力の源泉は協力して問題を解決することにあるとわかっているからだ。

言い換えると、ハッピーで何の問題もない関係は、目指すべきゴールではない。それはむしろ、修正しなければならないバグだ。そのための方法をいくつか紹介しよう。

1　問題が起こらないのはよくない状況だと心得る

ミーティングを開いても、まったく質問も出なければ、意見の相違もないというのなら、これはよくない状況であり、非生産的だと指摘しなければならない。そもそも、みんなが同じ意見なら、わざわざ集まって話す必要などないではないか。

ポジティブなフィードバックしか出ないのであれば、フィードバックを求める意味はない。意見の相違や緊張関係は、避けるべき問題ではない。チームが協力して問題を解決する絶好のチャンスだ。

2　人間関係が原因の衝突と、仕事が原因の衝突を区別する

チーム内の衝突はすべて同じではない。人間関係が原因の衝突は、お互いの性格や人間性から生まれ、どちらも感情的になり、そしてほぼ例外なく非生産的だ。

一方で仕事が原因の衝突は、違うアイデア同士の衝突であり、イノベーションを生むエンジンになる可能性がある。

チーム内に何らかの緊張関係が存在したら、いつでも自分にこう尋ねる。「この緊張関係を、人間関係の衝突ではなく、アイデア同士の衝突にするにはどうすればいいだろう？」

3　失敗について安心して話せるような環境をつくる

人は失敗をすると、本能的に失敗を隠そうとする。失敗から目をそらし、素知らぬ顔で前に進もうとする。

しかし、強固な文化を持つチームは、あえてその自然な流れの逆を行く。失敗を白日《はくじつ》の下にさらし、記憶に刻み、将来の道しるべとして活用するのだ。失敗で明らかになった問題に注目し、人々を新しい道に送り出す。

このテクニックをもっとも巧みに活用しているリーダーのひとりは、投票権活動家のステイシー・エイブラムスだ。彼女には3つのルールがある。

①　人々にストレッチアサインメント（本人の実力を超える仕事をあえてまかせること）を与える

②　ある程度の失敗や間違いはやむをえないと思っていることを伝える

③　失敗から学べるような余裕を与える

「何かの問題の答えを知らなくても、それで厳しい罰を受けることはありません」と、アイコ・ベセアは「ビジネスインサイダー」に語った。ベセアはエイブラムスとともに、ジョージア州アトランタの政府評議会で働いている。

「だから私は、これまで失敗を恐れずに仕事ができています。失敗しても、叱られたり、恥ずかしい思いをしたりすることはないとわかっているからです。これは言ってみれば、チームのメンバーに、学んで成長するチャンスを与えるのと同じことです。その根底には、『あなたが失敗するのはわかっている』という考え方がある。最初から失敗を織り込んでいるのは、メンバーの成長を期待しているからです。失敗から学び、成長してもらいたい、だからそのためのチャンスをあげましょうという気持ちが、そこにはあるのです」

4　チーム内でもっとも大きな懸案事項を特定し、それを活用する

どんなチームでも、チームを根底から揺るがすような問題に直面することがある。

もしかしたら、それは「イノベーションか、それとも伝統か」（新しいやり方を試すべき

か、それとも昔からのやり方を守るべきか？）という問題かもしれないし、「顧客とスタッフのどちらを優先すべきか」（いつ顧客の利益を第一に考え、いつメンバーのために行動すべきか？）という問題かもしれないし、あるいは「今すぐに成功することを目指すべきか、それとも将来のために投資すべきか」（目の前のプロジェクトを優先するか、それとも研究開発に集中すべきか？）という問題かもしれない。

こういった価値観の衝突があるのはネガティブな状況ではない。むしろチームが力を発揮する絶好のチャンスだ。

山登りにたとえるなら、これは急峻な崖であり、チームが力を合わせて登ることで突破口が開ける。問題を特定し、スポットライトを当てるのは、チームに対する明確なメッセージだ。

「たしかにこれはとても難しい問題だ。しかし、難しい会話から逃げることはせず、チームが協力して問題に取り組めば、それがチームの成功の助けになる。そもそも、これが簡単な仕事であれば、誰でもやっているだろう」というメッセージは、チームが前に進むエネルギーになるはずだ。

TIP #24

早い段階で失敗が許されることを伝え、何度も伝える

以前、ピクサーを訪問したとき、創業者兼社長のエド・キャットマルに新しい社屋を案内してもらった。思わず見惚れるほど美しい建物だった。創造性あふれる芸術作品が飾られ、自然光がたっぷりと差し込む広いスペースもある。

私は歩きながら、「エド、こんなに美しい建物を見たのは生まれて初めてだ」と言った。

キャットマルは立ち止まると、振り返ってまっすぐ私の目を見た。

「実はね」と、彼は言った。「この社屋は失敗だったと思っている」

私はびっくりした。「本当に?」

「そうだ」とキャットマル。まるで当たり前のことを言うような口調だ。

「この構造では、私たちが必要としている人間同士の交流が生まれにくい。廊下はもっと広くするべきだった。カフェももっと大きくすれば、人がたくさん集まることができただろう。それにオフィスは壁際に配置するべきだった。そうすればビルの中央を共有スペースにできるからね。つまり、どこか1カ所が失敗だったという話ではない。むしろ失敗だらけだ。そしてもちろん、なかでも大きな失敗は、ビルが完成するまでそれらの失敗に気づかなかったということだ」

私はまだショックを受けていた。自社ビルの美しさをほめられれば、たいていのリーダーは喜び、「ありがとう」と応じるはずだ。

しかしキャットマルは違った。それはなぜだろう?

その数週間後、答えが見つかった。その日、私はバージニア州のバージニアビーチでデイヴ・クーパーと朝食をともにしていた。クーパーはネイビーシールズ・チーム6の元指揮官だ。クーパーのいちばんの功績は、シールズ史上もっとも結束力の強いチームを育てたことだろう。彼が育てたチームのなかには、オサマ・ビン・ラディン殺害作戦を実行したチームも含まれる。朝食が半ばにさしかかったころ、クーパーはこう言った。

「リーダーが言うべきもっとも重要な言葉は、『私はこれを失敗した』だ」

クーパーの言う通りだ。キャットマルやクーパーをはじめ、優秀なリーダーはみなこの原則を心得ている。リーダーにとってもっとも大切なのは、自分の失敗を認めることだ。それがきっかけとなり、チームに弱さのループが生まれる。メンバーが自分の弱さを開示することで、さらに強いチームへと成長する。

脆弱な文化のチームは、問題から目を背ける。そして強固な文化のチームは、あえて問題を白日の下にさらし、協力して解決を目指す。それを行う方法をいくつか紹介しよう。

1　明確に助けを求める

自分がすべての答えを持っているわけではないと認めるだけでは不十分だ。自分の弱さを見せたうえで、周りの人に積極的に助けを求めることも必要だ。たとえば、次のように言う。

- このアイデアについてみんなの意見を聞きたい
- 何か見逃していることはあるだろうか？
- このままではきっとどこかで失敗する

- これはまだ最初の挑戦だ。次のレベルに進むにはどうすればいいだろう?
- このアイデアの穴を見つけてほしい

具体的にどのセリフを使うかはそれほど重要ではない。

ここで欠かせないのは、「さらにいい結果を出すためにあなたの助けを必要としている」という明確なメッセージを送ることだ。

2 「失敗」と「学習」を結びつける

失敗を認めるのが難しい理由の1つは、無能だと思われるのを恐れる気持ちだ。この問題を解決するには、自分の失敗を向上する意欲と結びつけるという方法がある。

たとえば、「これについてもっと学びたい」「この問題についていちばん詳しいメンバーは誰だろう?」「このやり方を教えてもらいたい」などの言葉が有効だ。

3 確固とした意見を持ちながら、柔軟性を保つ

強固な文化のチームには、確固とした意見を持つメンバーが集まっているという印象があるかもしれない。その印象はたしかに正しいのだが、話はそこで終わらない。

彼らは自分の意見に強い信念を持ちながら、同時に自分が間違えているかもしれないという可能性を受け入れる柔軟性もある。

強い信念と、死んでも譲らないという頑固さは違うということだ。

そんな彼らの態度を描写するとき、私はよく「謙虚さの背骨がある」という表現を使う。一見すると矛盾している性質をよくとらえているからだ。彼らは自分の意見を熱く主張しながら、他者から学ぶ姿勢も忘れない。

ゼネラルモーターズCEOのメアリー・バーラはよくこう言っている。

「知らないのは悪いことではない。助けを求めるのも悪いことではない。そして、自分が率いる人たちの意見を聞くことは、さらに悪いことではない。むしろそれは絶対に欠かせないことだ」

「自らが手本になることは、他者に影響を与える主要な方法ではない。
それは唯一の方法だ。」

――アルベルト・シュヴァイツァー

TIP #25

ミーティング前のウォーミングアップを実施する

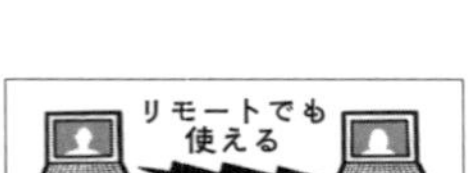

最悪なオンラインミーティングはきわめて退屈だ。ごく少数の人たちだけが発言し、それ以外の人はカメラをオフにして、いるのかいないのかわからない状態になっている。

このような状況になると、真実はどこかに埋もれてしまい、少数派に属する人たちの発言が特に阻害されることになる。

そこで登場するのが、ミーティング前のウォーミングアップだ。一緒に体を動かすことで、一体感を醸成することができる。

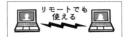

「バーチャルではそれぞれの自発性がカギになる」と、スタンフォード大学デザインスクールでリモートワークを研究するグレン・ファハルドは言う。彼は共著で『バーチャルミーティングのための儀式（*Rituals for Virtual Meetings*）』という本も出している。

「参加者にもっと積極的になってもらいたいなら、彼らに何かを創造するタスクを与える必要がある。グループで創造するタスクならなおいい。人間の本能的なモチベーションに働きかけ、自発性を引き出すんだ」

ファハルドが推奨するのは、ミーティング前に行う5分間のウォーミングアップだ。

その際、人数が多いなら複数のルームに分割し、１つのルームを最大４人までとすることがカギになる。

そしてルームごとに、会話のきっかけとなるような質問をする。

「この1週間に食べたものでもっともおいしかったのは？」「今月でいちばん楽しみにしていることは？」「今まで観たなかで最高の映画は？」など、気軽に答えられて、ポジティブな内容の質問をする。仕事に関する質問はしないこと。

「ここで大切なのは、参加者の好きなように話してもらうことだ」とファハルドは言う。

他のウォーミングアップ方法もいくつか紹介しよう。

●15秒報告会

小さなグループに使える方法。参加者全員が、15秒以内に自分の近況を2つの文で報告する。たとえば、最初の文は最近の出来事で、次の文は仕事で楽しみにしていることにする。

●エネルギーチェック

まず、参加者全員に、現時点での自分のエネルギーと集中力のレベルを報告してもらう。最低の1点は起きているのがやっとの状態で、最高の7点はエネルギー満タンで頭脳が冴えわたっている状態だ。

次に、自分のスコアを1点上げるために、周りの環境のどれか1つを変えてもらう。立ち上がってストレッチする人もいるかもしれないし、携帯電話の通知を切る人、あるいはお茶を淹れる人もいるかもしれない。方法は何でもかまわない。

ここでの目的は、目の前のミーティングに集中できる状態になることだ。

●呼吸

一緒に深呼吸をする。

●音楽

事前に参加者から好きな曲を提出してもらい、プレイリストをつくる。ミーティング前にプレイリストを流し、誰がどの曲を選んだかみんなで当てっこをする。

●匂い

全員で同時に同じスパイスの匂いをかぎ、お互いの反応を見る（たしかに変な方法だが、効果は保証できる）。

注意

ミーティングのたびに毎回ウォーミングアップを行うことはおすすめしない（その日は朝から晩までリモートミーティングだという人は、いいかげんうんざりしてしまうだろう）。創造性を発揮する必要があるミーティングや、久しぶりに会うメンバーがいるミーティングなど、ここぞという場面で活用する。

TIP #26

3行メールを送る

SEND THE
3-LINE
EMAIL

これは私のお気に入りの方法の1つだ。何よりシンプルなところがいい。

ちなみに、このＴＩＰを考案したのは、元グーグル人事担当上級副社長で、ＡＩによる働き方改革を手がける Humu の共同創業者兼ＣＥＯのラズロ・ボックだ。ボックによると、3行メールは次の3つの質問で構成される。

●私が今していることで、これからも続けてもらいたいことを1つあげるとしたら？

●私が今あまりしていないことで、もっとしたほうがいいと思うことを1つあげるとしたら？
●あなたがより効果的になるために私にできることは何か？

どれも短い質問だが、強力な信頼のシグナルを送る働きをしている。それは、「私の成長を助けてください」というメッセージだ。

さらに、このシグナルには伝染性がある。誰かが役に立つフィードバックを求めると（特にその誰かがリーダーの場合）、他の人たちも同じことをするようになる。

このつながりをさらに強化するには、3行メールの回答をメールで送ってもらうのではなく、実際に会って話したほうがいいだろう。[*5]

「質問をすることの技術と科学は、すべての知識の源泉である。
――トーマス・バーガー」

＊5　信頼関係を強化する質問をさらに4つ紹介しよう。考案者は、リーダーシップコンサルタントのジーン・マリー・ディジョヴァンナだ。
●私がしていることのなかで、もっともチームへの貢献が高い行動はどれか？
●あなたと私の関係を向上させるために、私があなたについて知っておかなければならないことを1つあげるとしたらどれか？
●あなたの才能やスキル、得意なことのうち、私が気づいていないもの、価値がわかっていないもの、十分に活用できていないものを1つあげるとしたらどれか？
●あなたのモチベーションを高めるものは何か？　仕事でモチベーションが高まる状況をより多くつくり出すにはどうすればいいか？

TIP #27

話を聞くときは「魔法のフレーズ」を使う

お互いの問題を聞くこと、本当に真剣に聞くことは、文化を構築するスキルのなかでも、おそらく地球上でもっとも強力なスキルだろう。そして、それと同時にとても難しいスキルでもある。

なぜなら人間には、誰かの問題を耳にすると、必ずわきあがってくるある本能があるからだ。私たちはそんなとき、今すぐに助けてあげなければと思ってしまう。価値のある助言をする、同じような状況について情報を共有する、役に立つリソースを提供する、といったことだ。

そうなると、もう相手の話は聞いていない。こちらが一方的に話している。これは人間にとって、どうにも抗いがたい本能だ。

しかし、もっといい方法もある。それは、一瞬で信頼関係を深めてくれる魔法のフレーズ、「もっと話して」を使うことだ。

このフレーズに効果があるのは、相手が話している問題は氷山の一角にすぎないからだ。一見すると単純で小さな問題だが、その下には複雑で巨大な問題が隠れている。だから助けの手を差し伸べる前に、まず本当の問題を探らなければならない。

たとえば、次のような質問をしてみよう。

その問題はどんな状況から生まれたのか？　他にも似たような問題は起きているか？　これからどんな状況になると考えられるか？　他にはどんなことが助けになるか？

つまり、「もっと話して」ということだ。

ここであなたが目指すのは、「緊張を表面化する」ことだ。

これは、デザイン会社ＩＤＥＯの元チーム・ファシリテーターのロシ・ジヴェチが提唱するコンセプトであり、対話に参加する人たちが質問を通して点と点をつなげ、ともに状況に対する理解を深めることを意味している。

リーダーシップ・コンサルティング会社を経営するジャック・ゼンガーとジョゼフ・フォークマンが、マネジャー育成プログラムに参加した3492人を対象に分析を行ったところ、もっとも効果的な聞き手は次のようなことを行っていることがわかった。

1 相手が安心し、支えられていると感じられるような対応をする
2 相手を助け、協力する意思があることを示す
3 優しい態度で、相手の思い込みを解きほぐすような建設的な質問を随所にはさむ
4 別の道もあることを随所で提案する

言い換えると、もっとも効果的な聞き手はトランポリンのような働きをするということだ。相手から与えられたものをすべて吸収し、相手を支え、そのうえで会話がさらなる高みに到達できるようにエネルギーを与える。

もっとも効果的な聞き手は、質問するときに、最初の答えで満足することは決してない。彼らはさらにエネルギーを加え、緊張のありかを探っていく。隠れたつながりを指摘し、問題の真実を明らかにして、相手が前に進む道を発見するのを助けるためだ。

TIP #28

「AAR」を習慣にする

何がうまくいった?
WENT WELL?
何がうまくいかなかった?
DIDN'T GO WELL?
次は何を変える?
DO DIFFERENTLY?

もしこの本から1つのTIPだけを学ぶとしたら、ぜひこのTIPにしてもらいたい。アフター・アクション・レビュー（AAR）は信頼関係を築く優れたツールであり、1つのシンプルな真実によって裏打ちされている。それは、お互いのパフォーマンスのいい点と悪い点について率直に話をすると、チームの結束が強まるという真実だ。

AARのルーツは軍にあり、特に海軍特殊部隊のネイビーシールズが好んで使っている。シールズが卓越したチームワークを誇っているのも、その基礎にAARがあるからだ。

しくみを説明しよう。まず、チームで何か重要なタスクを行う。それはプロジェクトかもしれないし、営業の電話かもしれないし、あるいは単なるミーティングかもしれない。タスクが何であれ、それが終了したらすぐに全員で集まり、3つの質問について話し合う。

- 何がうまくいった？
- 何がうまくいかなかった？
- 次は何を変える？

ここでの目標は、誰かをほめることでも、誰かを批判することでもない。大切なのは、タスクの間に何が起こったのかをはっきりさせ、チーム全体がそこから何かを学ぶことだ。「誰もが安心して発言できる環境をつくらなければならない」と、元シールズ・チーム6指揮官のデイヴ・クーパーは言う。

「AARの間、階級のことはいったん忘れ、誰もが謙虚な態度で自分の行動を振り返る。ここで目指すのは、『私はあれを失敗した』という発言が出てくる瞬間だ。リーダーは、さっさと話をまとめて終わりにしたくなる気持ちにふたをして、さらに深く真実を探らなければならない。本当に起こったことを明らかにすれば、チームの全員がそこから学ぶことができる」

そして、その学びを重ねることには大きな効果がある。

フランチェスカ・ジーノとブラッドリー・スターツがある実験を行った。参加者を2つのグループに分けて、それぞれが同じ訓練を受ける。1つのグループは、1日に15分間、自分の訓練を振り返り、そしてもう1つのグループは、その15分間でさらに訓練を受ける。それを15日間続けたところ、訓練を振り返ったグループは、訓練時間を増やしたグループより、訓練を受けたスキルのパフォーマンスが20パーセント優れていた。

あるいは、タスクの前にビフォー・アクション・レビューを行うチームもある。こちらもAARと同じような質問が核になっている。

●ここで目指す結果は何か？
●どんな困難が予想されるか？
●私たち、あるいは他のチームは、これと似た状況から何を学んだか？
●今回、成功するためには何が必要か？

もう1つのTIPを紹介しよう。シールズのAARでは、誰もが発言しやすくするために、リーダーやまとめ役をあえて決めないようにしている。

そのやり方をあなたのチームでも取り入れてみてはどうだろう。

また、ＡＡＲ中に出た意見を記録して、チーム全員で共有するという方法も役に立つ。

特に、「次は何を変えるか？」という質問で出た意見を共有することが大切だ。

そもそもＡＡＲの目的は、何が起こったかを明らかにすることだけでなく、将来の問題に対してチーム全体の備えや心構えを強化することでもある。


「変化は行動が感染するエピデミックだ。

情報の津波ではない。

――レアンドロ・エレーロ」

TIP #29

バーチャル空間で廊下を歩く

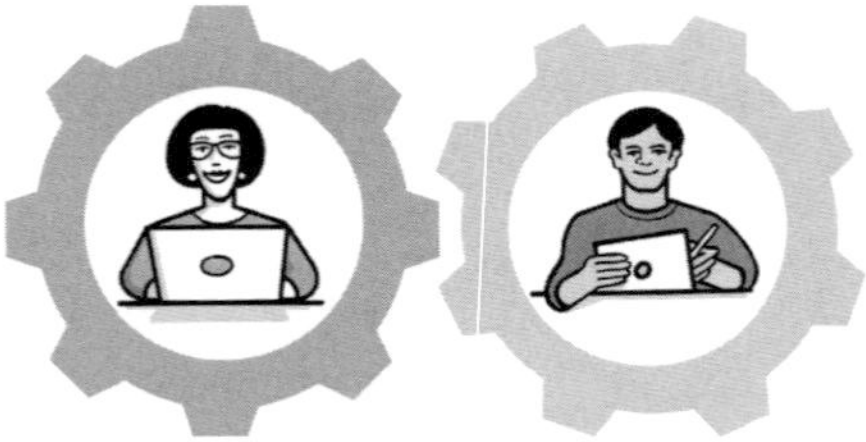

物理的な世界では、ミーティングの後に廊下を歩きながらメンバー同士でおしゃべりすることができる。これはあらゆるチームにとって、メンバー間のつながりがもっとも強化される瞬間の1つだ。このおしゃべりで、お互いの近況を知り、自分の考えを伝え、一緒に問題について考えることができる。

リモートワークでもこの状況をつくりたいなら、意図的に行わなければならない。1人か2人の同僚を選び、リモートミーティングの後でおしゃべりをする約束を取りつけておく。おしゃべりのタイミングはミーティング直後が望ましい。特に議題を決める必要はない。ただお互いに思っていることを話す。

このときの会話の枠組みはいろいろあるが、私のお気に入りの1つを紹介しよう。それは「何？　それでどうなる？　次はどうする？」モデルだ。

まずは「何？」のパートだ。ここではミーティングについてお互いに理解していることを話す（どんなことに気がついた？　何が印象に残っている？）。

次の「それでどうなる？」のパートでは、それぞれの意味について考える（どんな影響があるか？　これが私たちの状況をどのように変えるか？）。

そして最後の「次はどうする？」のパートで、可能な行動プランについて考える（次は何が起こりそうか？　前に進むために何に集中すべきか？）。

TIP #30

「魔法の杖の質問」をする

信頼を深めることを目的とするあらゆる行動のなかで、もっとも効果の高い行動の1つは、もっともシンプルな行動でもある。チームのメンバー全員に次の質問をするだけだ。「自分が魔法の杖《つえ》を持っていて、それを一振りするだけでこのチームの何かを変えられるとしたら、あなたは何を変えたいだろう？」

休暇の規則を変えたいと答える人もいるかもしれない。あるいは、解雇や辞職の手続き、オフィスのレイアウト、オフィスで支給されるスナックを変えたいと答える人もいるだろう。とにかくありとあらゆる可能性が考えられる。

ここでリーダーにとって大切なのは、ただ答えを聞くのではなく、相手が提案した変化をできるだけ迅速に実現させることだ。

このテクニックをもっともうまく活用しているリーダーの1人がマイケル・アブラショフだ。アブラショフは海軍大佐で、1997年にミサイル駆逐艦《くちくかん》ベンフォールドの艦長に就任した。

当時のベンフォールドは、海軍のパフォーマンス・スコアで最低の成績に甘んじていた。アブラショフが最初にとった行動の1つは、全310人の乗組員と個別で30分間の話し合いを持つことだ（すべての面談が終わるまで約6週間を要した）。

アブラショフはすべての乗組員に3つの質問をした。

- ベンフォールドのいちばん好きなところは何か？
- ベンフォールドのいちばん嫌いなところは何か？
- 自分が艦長だったら、何を変えたいと思うか？

乗組員の答えのうち、すぐにでも実行できそうな提案があれば、アブラショフは艦内放送を通して変化を通知し、さらに提案者の名前も公表して感謝を伝える。

こういった一連の行動が実を結び（アブラショフが行った改革については、彼の著書『アメリカ海軍に学ぶ「最強のチーム」のつくり方』〈三笠書房〉に詳しい）、ベンフォールドのパフォーマンスは劇的に向上した。

3年もたたないうちに、海軍でトップクラスの成績を誇るまでになった。この出来事の教訓は、ごく短い言葉に集約できる。

それは、「何を変えるべきかを尋ね、それを変える」ということだ。

TIP #31

厳しい現実を突きつけず、温かい率直さを目指す

厳しい道のりになるけれど……
みんなで一緒に乗り越えていこう

否定的なフィードバックは、たいてい「厳しい現実を突きつけるようだけど」というようなセリフで始まる。

たしかに正しいことを言っているのかもしれないが、実は大きな欠点もある。それは、チーム内に、他者への思いやりをないがしろにする文化が根づいてしまうことだ。

ここでは厳しい現実を突きつけるのではなく、「温かい率直さ」を目指したほうがいい。温かい率直さとは、相手に真実を伝えながら、同時につながりのシグナルも送るということ

とだ。

私が特に気に入っている実例を1つあげよう。

ある日の午後、ニューヨークでトップランクに位置するレストランのグラマシータバーンを訪れたときのことだ。その日、ホイットニー・マクドナルドは、ずっと待ち焦がれていた瞬間を目前に控えていた。名店の誉れ高いグラマシータバーンで、初めてフロントウェイターの役を務めることになっていたのだ。

店の外には、ランチ客の行列ができている。彼女は興奮し、そして少し緊張もしていた。そのとき、アシスタント・ゼネラルマネジャーのスコット・ラインハルトが彼女のところにやってきた。きっと励ましの言葉をかけるためだろう、私はそう思った。

ラインハルトは、ホイットニーの目をまっすぐ見ながら言った。

「1つ確実に言えることがある。それは、今日は完璧な1日にはならないということだ。もちろん完璧な1日になる可能性はゼロではないが、かぎりなくゼロに近い」

ホイットニーは面食らった。この日のために半年前からトレーニングを受けてきた。この仕事の裏も表も知り尽くし、できるだけいい仕事をする準備はできている。

バックウェイターとして働き、熱心にメモを取り、スタッフミーティングに参加し、何度も予行練習をくり返してきた。それなのに、面と向かって「お前は失敗する」と断言されたのだ。

「いい1日だったと判断できる基準を教えよう」と、ラインハルトは続けた。「10回助けを求めたら、それはいい1日だ。しかし、誰にも助けを求めず、すべてを自分で抱え込もうとするなら……」。あえてその先は言わなかったが、何を言いたいかははっきりしている。それは、「大惨事になるだろう」だ。

ラインハルトはたしかに厳しい現実を伝えている。

今日は大変な1日になり、あなたは何度も失敗するだろう、と。

しかしそれだけでなく、彼は明確なつながりのシグナルも送っていたのだ。

「あなたはひとりではない。失敗は必ずするが、そこから学べばいい。私たちは1つのチームだ」

TIP #32

メッセンジャーを抱きしめる

チームの結束力がもっとも強まる瞬間の1つは、誰かが悪いニュースや耳の痛いフィードバックを届けたときだ。

その瞬間で大切なのは、悪いニュースを受け入れることだけではない。

むしろ、積極的に歓迎することがカギになる。

「『メッセンジャーを撃つな』という言葉がある」と、ハーバード大学教授のエイミー・エドモンドソンは言う。

「実際のところ、撃たないだけではまだ不十分だ。メッセンジャーを抱きしめて、自分がどんなにそのフィードバックを必要としていたかを伝えなければならない。そうすれば、彼らはこれからも安心してフィードバックを伝えることができる」

もちろん、メッセンジャーを抱きしめるのは最初の一歩にすぎない（ちなみに「抱きしめる」とは比喩的な表現であり、実際に抱きしめる必要はない）。

それと同じくらい大切なのは、その瞬間について、チームとどんな話をするかということだ。

あなたはそこで、自分が悪いニュースを心から歓迎していること、成長のためには悪いニュースをいつでも歓迎しなければならないことを、チーム全体に伝えなければならない。

TIP #33

「失敗の壁」をつくる

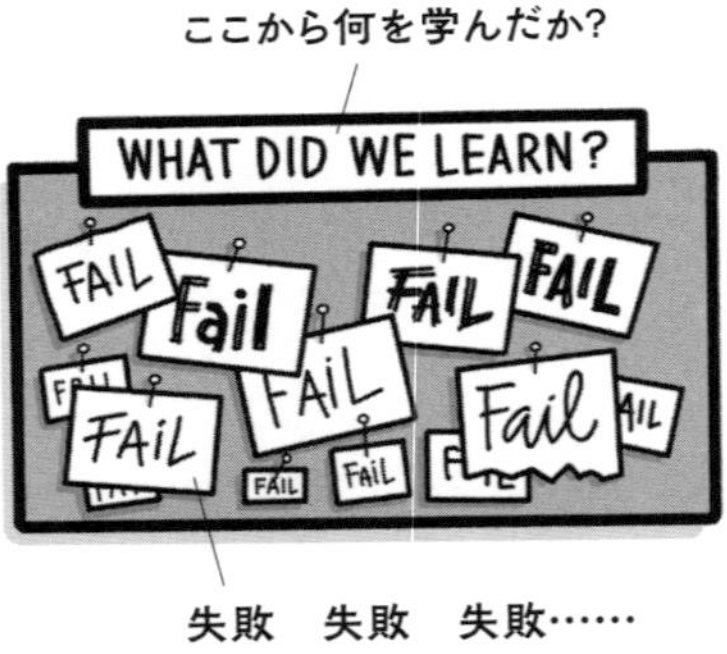

脆弱な文化のチームは、失敗を隠し、あるいは失敗の影響を過小評価する。そして、まるで失敗など起こらなかったようなふりをする。

一方で強固な文化のチームは、失敗を最大限に生かして学びにつなげる。その方法の1つが、「失敗の壁」をつくることだ。どこか目立つ場所を「失敗の壁」に指定し、そこにチームの失敗事例をどんどん掲示していく。

方法はいろいろ考えられる。

オフィスの壁に付箋紙を貼ってもいいし、ホワイトボードに書き込んでもいい。失敗したプロジェクトの記念日をつくって祝うという方法もあるだろう（実際にいくつかのテック企業は、そのような日を「死者の日」と呼んで社内行事にしている）。

他にも、その週でもっとも大きな失敗を表彰する、自分のキャリアでの失敗を列挙した「失敗の履歴書」をつくるといった方法も考えられる。

どんな方法を選ぶにしても、まずリーダーが率先して失敗を告白することが大切だ。そのうえで、メンバーにも失敗を告白することを促す。

ここでの目的は、失敗を嘆くことでも、犯人を見つけて責めることでもない。大切なのは、失敗から目をそらさず、失敗から学ぶ文化を醸成することだ。

そして何よりも、この姿勢はチームに対するとても力強いメッセージになる。このチームでは、失敗を恐れず安心して実験できるだけでなく、むしろ実験をしなければならないということを伝えているからだ。

TIP #34

「秘密なしミーティング」を開催する

貸切
ようこそ!
ウソは
禁止です!
RESERVED
WELCOME!
NO
B.S.
Allowed!

これはあらゆるチームにとって夢のミーティングだ。

このミーティングでは、完全な透明性が保証され、役職も上下の関係もなく、ごまかしも一切存在しない。そしてすべての参加者が、実際に起こっていることをありのままに伝える。特にリーダーが率先して正直に話さなければならない。

ここでのいいニュースは、これは可能だということだ。現に私自身、外科医、教師、アスリート、軍の特殊部隊などのチームが、この「秘密なしミーティング」を行い、大きな成果を上げるのを目撃したことがある。彼らはこのミーティングから多くを学び、現状認識を深めることができた。

とはいえ、これが難しいミーティングであることもまた事実だ。やり方を間違えると、ただの不平不満のはけ口や、非難合戦、個人攻撃に堕してしまうだろう。

そこで、基本となるルールをいくつか紹介しよう。

1　事前にミーティングの目的を明確にする

このミーティングの目的は、毒を吐いてすっきりすることではなく、すべての人にとって有益な事実を共有することだ。このことをすべての参加者に徹底しておかなければならない。個人攻撃は禁止など、明確なルールを決めておくといいだろう。

そして参加者は、①自分が苦労していることと、②他のメンバーの助けになりそうな意見を、このミーティングで発表することが求められる。

2　外に出る

いつもの会議室ではない場所を使う。部外者に見られたり聞かれたりする心配がない場所ならどこでもいい。さらに人数は少ないほうがいい。

このミーティングがもっとも効果を発揮する人数は10人以下だ。

3 「気づき」に重点を置く

「秘密なしミーティング」が目指す最高の到達点は、まったく新しい視点を手に入れることだ。そのためには、ポジティブな意見だけでなく、ネガティブな意見も自由に出すことができる環境をつくらなければならない。そこで役に立つ質問をいくつか紹介しよう。

- 私が知らないことで、知っておいたほうがいいことは何だろう?
- あなたはどこで苦労しているのか?
- あなたが誇りに思うことは何か?

さらに、ミーティング中と、終了後に、感謝の気持ちを伝えることを忘れないように。もしかしたら、このミーティングで得られた最大の気づきは、メンバー同士のつながりが持つ力にあらためて感謝の念を持てたことかもしれない。

TIP #35

個人の仕事場所を紹介する

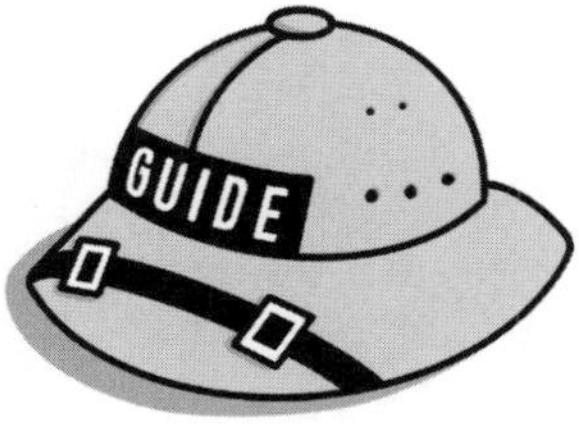

チーム内、特に新しくできたばかりのチーム内に温かいつながりをつくりたいなら、手軽にできる方法が1つある。それは、それぞれのメンバーがノートパソコンを持って自分の仕事場所を紹介することだ。こうやって「視野を広げる」と、ただモニターの分割画面に映っていただけの人を、本物の人間として認識できるようになる。

そこからさらに一歩進んで、自分のいちばん好きな写真や、大切にしているものをお互いに見せ、好きな理由や大切にしている理由を話すという方法もある。

ただし、当然ながら、仕事場所は見せたくない、個人的な話はしたくないという人もいるかもしれないので、その点の配慮は必要だ。

TIP #36

普通にメンタルヘルスの話ができるようにする

メンバーの誰かが足の骨を折ったりすれば、チームの全員が助けの手を差し伸べるだろう。メンタルヘルスの問題も同じようなサポートを受けられるようにすべきなのだが、こちらは一見しただけではわかりにくく、リモートワークでは特に気づくのが難しい。

強固な文化を持つチームは、メンタルヘルスの問題もオープンに話せる環境が整っている。メンバー同士でお互いを気づかい、批判的になることなくメンタルの状態を確認することができる。そのための方法を3つ紹介しよう。

■リーダーが手本を示す

メンタルヘルスの問題を普通に話せる環境をつくるとき、もっとも大きな力を持つのは、まずリーダーが率先して手本を示すことだ。

バイオテクノロジー企業のグリーンテックでは、幹部社員が自分たちのメンタルヘルスについて語る短い動画シリーズを作成している。動画を見た社員は、さらに専門のプログラムで、メンタルヘルスについてオープンに語る訓練を受けることができる。

また、私が以前に会ったあるヘッジファンドのリーダーは、さらに一歩進んで、自分のメンタルヘルスの問題をチームに話したという。「やる前は怖かったよ」と彼は言う。「でもやってみたら、あれは自分がリーダーとしてできる最高の仕事だったと断言できる」

■リモートワーク・チェックインを実施する

物理的な世界では、相手の心理状態を察知するのはそれほど難しいことではない。しかしリモートワークのバーチャルな世界では、そのために特別な手順が必要になる。

リモートの環境でメンバーのウェルビーイングの確認を行うときは、6人以下の小さなグループが望ましい。メンバーが集まったら、冒頭でこれからすることの許可をもらう。参加者の同意が得られたら、まずは自分のストレスレベルとエネルギーレベルの点数をつけてもらう。最低が1点で、最高が5点だ。最初にリーダーが自分の点数を発表すれば、他の人も言いやすくなる。

次に、その点数になっている理由をそれぞれに話してもらう。話すかどうかは本人の自由であり、もし話してくれる人がいたら、安心して本音を話せる雰囲気になるように留意する（他の方法については、TIP43「不安パーティを開く」を参照）。

メンタルヘルスについて話すときは、ネガティブな側面と同じくらい、ポジティブな側面にも焦点を当てることが大切だ。

NBAのゴールデンステート・ウォリアーズでヘッドコーチを務めるスティーブ・カーは、自らが考案した「ZFL」という指標を使っている。ZFLはZest for Life（人生への熱意）の頭文字で、自分が人生にどれくらいワクワクしているか、どれくらい生きる喜びを感じているかを0点から100点で評価する。

「ZFLは何点？」とカーに尋ねられた人は、たとえば「今日は91点。昨日は76点かな」などと答える。

これは、自分のメンタルヘルスの状態を気軽に話せるいい方法だ。ほんの数秒のやり取りをきっかけに、さらに深い会話につなげることができる。

■リソースを共有する

メンタルヘルスの助けになるようなリソースへのリンクを目立つ場所に貼っておく。明るく前向きなトーンで紹介し、そしてもし問題がなければ、そのリソースを活用して成功した事例も紹介する。

メンタルヘルスの問題で助けを求めるのは、決して恥ずかしいことではない。むしろコーチに指導を請うのと同じことだ。[*6]

「どんなビジネスでも、真の競争優位性はたった一語で表現できる。それは「人」だ。
――カミル・トウメ」

*6 この分野で役に立つリソースは、activemind.orgと、mhfaengland.orgだ。

TIP #37

アイデア交換会を開く

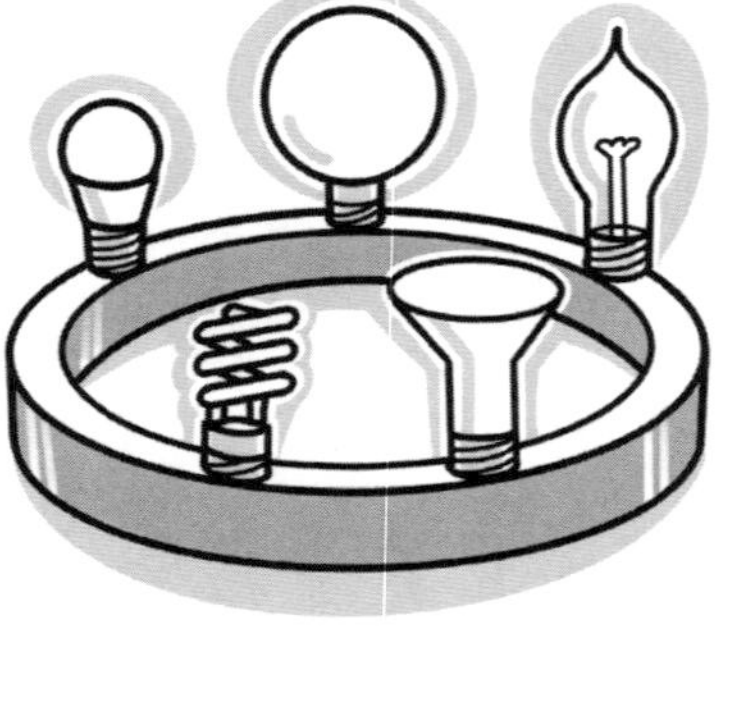

チームには、大きな変革や飛躍を経験する瞬間がいくつかあるが、自分たちに対する新しい視点を獲得するのもそんな瞬間の1つだ。

それをもっとも早く達成したいなら、アイデアを交換するという方法がいちばんだろう。

同じような考え方を持つ2つの組織が集まり、1日かけてアイデアを交換する。

共通の問題の解決策を探るだけでなく、さらにお互いから学ぶこともできる。

具体的なやり方を説明しよう。

■スキルの重要な側面を共有する組織にはたらきかける

私が実際に目撃した例をあげると、アメリカ陸軍特殊部隊のグリーンベレー士官と、多国籍コングロマリット企業のゼネラル・エレクトリック幹部という組み合わせや、プロスポーツチームと外科医チームという組み合わせなどがある。

前者は効果的なコミュニケーションについてアイデアを交換し、後者はプレッシャーがかかる状況で優れたパフォーマンスを発揮する方法についてアイデアを交換した。

自分たちのチームと似たような状況にあり、競合相手ではないチームを選ぼう。その際、人数は比較的少ないほうが望ましい。10人以内にとどめておけば、すべての参加者が発言でき、話し合いの管理もしやすくなるだろう。

■自分のチームの弱点と問題を正直に話す

これは自分のチームの強みをアピールする場ではない。むしろ弱点を正直に話す場だ。あなたのチームはどんな問題を抱えているだろう？　向上するにはどんなツールが必要だろう？

■「2＋2」の枠組みを使う

すべての参加者に、会合で話したいトピックを事前に2つ選んでおいてもらう。話し合いにかける時間は、1つのトピックにつき1時間だ。そしてさらに2時間かけて、制約のないおしゃべりを通して関係の構築を目指す。

ここで最適なトピックは、あなたのチームの弱点と相手のチームの長所を橋わたしできるようなものだ。たとえば、こんなふうに言う。

「あなたのチームは、才能ある人材を見つけて採用するのがとても得意だ。私たちにはその能力が欠けている。あなたのやり方を具体的に教えてもらえますか？」

話し合いのフォーマットはいろいろ考えられるが、どんなフォーマットを選ぶにしても、目的はいつも同じだ。

それは、新しい視点や思考を獲得し、より広く、より深い人間関係のネットワークを築くことだ。

TIP #38

定期的に「ピットイン」を行う

身近に高いパフォーマンスを誇るチームがあるなら、彼らには「二重焦点」という特徴があることに気づくだろう。目の前のプロジェクトに集中しながら、それと同時にチーム内の力学にも注意を向けている。カーレースのドライバーのように、定期的にピットインして、車体を整備したり、燃料を補給したりしているのだ。

これを行うにあたっては、IDEOが考案した「フライト・チェックイン・システム」が参考になるだろう。大まかに説明すると、これはあるプロジェクトを行うときに、「事前、最中、事後」にミーティングを開くシステムだ。
TIP28に登場したアフター・アクション・レビュー（AAR）と同じように、自分たちのパフォーマンスを正確に把握することを目指している。しかしAARと違うのは、チーム内の力学を重視しているという点だ。会話を通して人間関係の向上を目指している。フライト・チェックイン・システムのひな形を紹介しよう。

フライト前：私たちは何を目指すのか

● 目的、役割、責任を明確にする
● コミュニケーションの流れと意思決定のプロセスについて話し合う
● メンバーそれぞれの向上したいところと学びたいことについて話す
● プロジェクトが失敗した未来を想定し、そこから振り返る「プレモーテム」を行う。1年後にプロジェクトの失敗を振り返るとき、どんな原因が考えられるだろう？

フライト中：現在の状況はどうなっているか

● ここまでのチームのパフォーマンスをひと言で表現するとどうなるか？　すべてのメンバーに答えてもらう

●チームがもっとしたほうがいいことは何か？　すべてのメンバーに1つずつあげてもらう
●やり方を変えたほうがいいことは何か？　全メンバーに1つずつあげてもらう
●プロジェクトの目的に変更はないか？　もしあるなら、どのように変わったか？

フライト後：私たちは何を学んだか

●このプロジェクトで学んだことを出し合って資料にまとめる。もっと規模を拡大して活用できそうなツールやプロセスはあるか？
●1人につき1つずつ「シャウト・アウト」を発表してもらう。シャウト・アウトは「大きな感謝の気持ち」という意味で、ここでは特に大切な働きをしてくれたチームメイトへの感謝だ

このプロセスの利点は、ただチームの実情がよくわかることだけではない。組織全体が、「私たちは良好なチームワークを発揮しているか？　チームワークをさらに向上させるにはどうするか？」という質問を継続して行えるようにもなる。これはきわめて重要な質問であり、チームにより深い恩恵をもたらしてくれるだろう。

TIP #39

「引き算ゲーム」を行う

あらゆる文化が直面する慢性的な問題の1つに、「どんどん増やす病」というものがある。この問題の根底にあるのは、何でも足し算で考える現代社会の風潮だ。やらなければならないことは増える一方で、私たちはいつも押しつぶされそうになっている。

そこでスタンフォード大学教授のボブ・サットンとハヤグリーワ・ラオが、「引き算ゲーム」と呼ばれる、この問題の解決策を考案した。チームで定期的に15分間のミーティングを行い、次の質問をする。

- 私たちがしていることのなかで、かつては有益だったが、今はむしろじゃまになっているものは何か？
- 無駄な摩擦の原因になっているものは何か？
- 集中力の妨げになっているものは何か？

サットンとラオによると、引き算ゲームの効果をより高めるには、これらの質問に3段階で答えてもらうといいという。

第1段階はそれぞれ個人が答え、第2段階は少人数のグループで答え、そして第3段階でその答えをチーム全体に伝える。さらに、必要な変化をすぐに起こす権限のあるリーダーを加えることも大切だ。

引き算ゲームの効果は、効率性が高まることだけではない。

もっと大切なのは、メンバーそれぞれが「私たちには変化を起こす力がある」と自覚できるようになることだ。

TIP #40

「増やすこと・変えること」の質問をする

(「増やすこと」と「変えること」の質問)

高いパフォーマンスを発揮する文化にはいくつかの重要な柱があるが、そのうちの1つがフィードバックだ。そしてフィードバックは、もっとも扱いが難しい柱の1つでもある。フィードバックを与える側は、自分のフィードバックが正確で、相手にとって有益かどうか、どうやってたしかめればいいのだろう？

さらにフィードバックを受ける側は、「批判されている」「疎外されている」といった感情をどうすれば避けることができるのか？

それに、おなじみの「サンドイッチ型フィードバック」の問題もある。これは、ネガティブなフィードバックをポジティブなフィードバックではさむというテクニックだが、効果がないことはすでに証明されている。

個人的にもっとも効果があると考えているフィードバックの1つは、『人々が変わるのを助ける（*Helping People Change*）』の共著者で、ケース・ウェスタン・リザーブ大学でリーダーシップを教えるエレン・ファン・オーステンが考案したものだ。

彼女が提唱する方法では、フィードバックを与えるという枠組みからいったん離れ、2つの質問を通して状況を振り返ることに重点が置かれている。

- 自分がもっとしたほうがいいと思うことは何ですか？
- 自分がもっとやり方を変えたほうがいいと思うことは何ですか？

言い換えると、あなたのフィードバックを押しつけるのではなく、相手が自分で状況を振り返るきっかけを与えるということだ。

この質問には、優れたコーチングと同じ効果がある。

なぜなら、ポジティブな側面にスポットライトを当て、批判をせず、相手の自主性を促し、成長の基礎をつくっているからだ。

TIP #41

ネガティブな話は一対一で伝える

これは、高いパフォーマンスを発揮するチームを取材したときに、何度か目撃したルールだ。ルールではあるが、一見しただけでは気づきにくい。

具体的には、ネガティブなニュースやフィードバックを与える必要があるのなら、相手と一対一の状況で行わなければならないというルールだ。

経費の申請で通らないものがあったというような小さなニュースでも、周りに人がいない状況で、相手に直接伝えなければならない。実際に顔を合わせるときも、リモートでも同じだ。このルールを守るのはそう簡単ではない。メールで知らせてしまったほうが、ずっと気楽で、手っ取り早く終わりにすることができる。

しかし、直接相手に伝えることには大きな効果がある。それによって生じるかもしれない何らかの緊張に、その場で対処できるからだ。誠実に対応すれば、お互いにわだかまりが残らず、つながりを保つことができる。

このテクニックの達人を1人あげるとするなら、それはジョー・マドンだろう。長年にわたってメジャーリーグの監督を務めたマドンは、かなりのワイン通としても知られている。マドンのオフィスには、小さな紙切れがたくさん入ったグラスが1つ置いてある。それぞれの紙切れに書かれているのは、高級ワインの名前だ。

チームの選手が何らかのルールを破ると、マドンはその選手を自分のオフィスに呼び、グラスから紙切れを1枚選んでもらう。そして選手は、その紙に書かれているワインを購入し、監督と一緒に飲まなければならない。

つまり言い換えると、マドンは、選手に規律を与える行為と、選手とのつながりを深める行為を結びつけているということだ。ネガティブな瞬間には、チームの文化を壊す力があり、それと同時にチームのつながりを強化する力もある。マドンはその事実をよく心得ていた。

TIP #42

「好奇心のタイムアウト」を取る

私が知りたいことは……
I Wonder...

リモートでも使える

これは、リモートミーティングの中だるみ対策に活用できるエクササイズだ。

1 ミーティングの中盤でタイムアウトを宣言する。「このミーティングの目的は○○なので、それに関して知りたいことをそれぞれあげてもらいたい」

2 それぞれが黙って考える時間を20秒与える

3 自分の答えを順番に発表してもらう。答えは短く簡潔に。最長でも2つの文まで

ここでの目標は、メンバーの質問に答えることだけではなく、彼らの質問を新しい気づきや学びのきっかけにすることだ。そのうえ、沈黙はそれほど気まずくないということに気づくきっかけにもなる。沈黙はチームが一緒に考えている音だ。

TIP #43

不安パーティを開く

不安パーティを開こう！

ストレスを軽減し、お互いの信頼感を高めることができるこのテクニックを考案したのは、グーグルの親会社アルファベットのベンチャーキャピタル投資部門のグーグル・ベンチャーズだ。特にリモートワークで効果を発揮してくれる。

手順を説明しよう。

1　小さなグループで集まる。リアルでもリモートでも人数は6人までとする

2　それぞれが仕事で心配していること、不安に思っていることを紙に書き、不安や心配の大きい順に並べる。時間は10分

3　各自のリストをグループで共有し、それぞれの心配や不安に0点から5点で点数をつける。自分はまったく問題だと思わないなら0点、間違いなく心配や不安のタネになると思うなら5点だ

4　平均点が3点以上になった項目を集め、ブレインストーミングを行って戦略や解決策を考える

この「パーティ」を実施すると、プレッシャーがすーっと軽くなっていくのが実感できるだろう。そのうえ、人々がつながり、協力して問題を解決するためのプラットフォームの役割も果たしてくれる。

さらに長い目で見れば、ストレスや不安、メンタルヘルスの問題について、普通に話せる環境をつくるという効果も期待できる（ＴＩＰ36「普通にメンタルヘルスの話ができるようにする」も参照）。

TIP #44

自分のバックハンドを見せる

「私はジョンです。
私の弱点は
プロジェクト
マネジメントです」

強固な文化のチームは、メンバーが向上させたいと思っているスキルや能力にスポットライトを当てることを目指す。それを実現する1つの方法は、「自分のバックハンドを見せる」というテクニックだ。

この表現は、ラケットを使うスポーツの世界で生まれた。テニスなどのラケットスポーツでは、一般的にバックハンドよりもフォアハンドのほうが強い球を打てるとされている。

つまり、自分のバックハンドを見せるとは、自分の弱点を見せるということだ。

人は誰でも、得意なこと（フォアハンド）と、苦手なこと（バックハンド）がある。

ネット通販会社のネクスト・ジャンプでは、新入社員がリーダーシップを学ぶ研修を受けることになっている。新人たちはそこで、自分のフォアハンドとバックハンドを見つけ、それを他のメンバーの前で発表することが求められる。

「自分のバックハンドを見せるのはごく自然なことだ」と、ネクスト・ジャンプ共同CEOのメーガン・メッセンジャーは言う。

「自分の弱さをさらけ出し、それについて話すと、とてもすばらしいことが起こる。他の人たちもまた弱さについて語り、お互いに助けの手を差し伸べるようになる。弱さを見せることで、完璧な自分という幻想から解放され、人間であることの不完全さを普通のこととして受け入れるようになる。そしてそれが、人々をつなげる力になるのだ」

あなたはもしかしたら、ブレインストーミングで独創的なアイデアを出すのが得意かもしれないが、実務能力のほうに不安があるのかもしれない。自分のバックハンドを見せれば、チーム全体がお互いの弱点を知り、さらにはお互いに向上する道を見つけることができるかもしれない。それに心理的安全性も高まるだろう。

なぜなら、人は誰でも弱点があるからだ。

TIP #45

観客を入れる

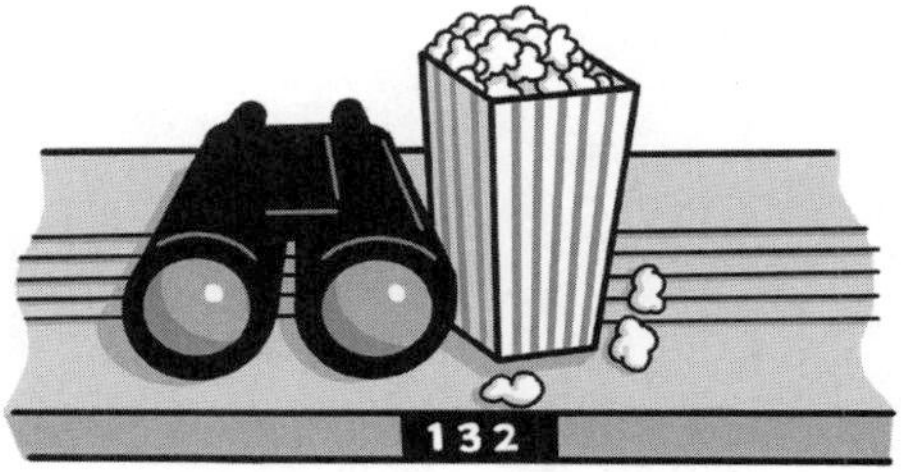

リモートワークの利点のなかで、どちらかといえば見過ごされている利点の1つは、ミーティングに参加する人を簡単に増やせることだ。

ミーティングを見学するだけならコストはまったくかからない。大きなミーティングのときは、見学用の「ベンチ」を設置することを考えてみよう。

リーダー候補やインターン、さらにはただ興味があるから見てみたいという人を招待する。ただしベンチに座っている人は、ミーティングには参加しない。彼らの目的は、リーダーたちのやり取りを見て、コミュニケーション法や思考法を学ぶことだ。

ただの見学とはいえ、ミーティング後のフォローアップを忘れてはいけない。ベンチ席の人たちに、ミーティングで気づいたこと、学んだことを尋ねてみよう。

そこからあなたのチームが学べることもきっとあるはずだ。

TIP #46

プロジェクト完成の儀式を行う

1つのプロジェクトが完成するとすぐに忘れ、心はすでに次のプロジェクトに向かっているという人も多いだろう。しかし、それは間違いだ。

強固な文化を持つチームは、プロジェクト完成の瞬間をないがしろにしない。メンバー全員でひと息つき、1つのプロジェクトの終わりをきちんと認識することを習慣にしている。プロジェクトでうまくいったことに感謝し、そしてうまくいかなかったことから学ぶのだ（TIP28「『AAR』を習慣にする」を参照）。

派手に祝う必要はない。たとえば、俳優で監督のエイミー・ポーラーは、あるプロジェクトが終わるたびに「乾杯の数珠《じゅず》つなぎ」を行うことを習慣にしている。スタッフ一同が集まり、全員がそこにいる全員と1人ずつ乾杯していくという儀式だ。

他に私が実際に見た例では、参加者全員がお互いに感謝の手紙を書くチームもあった。そしてもちろん、お祝いのディナーを開くという方法もある。

方法は何でもいい。大切なのは、心からの感謝の気持ちを表し、メンバーのつながりをさらに強化することだ。

TIP #47

「健全な別れ」を実践する

どんな文化であっても、もっとも真価を問われるのは、新しい人をチームに迎えるときと、今のメンバーがチームを去るときだ。

だからこそ強固な文化を持つチームは、別れのときも出会いのときと同じくらい大切にしている（TIP7「新メンバーを迎えるときに有効な『PALSメソッド』」も参照）。

大切な3つの原則を紹介しよう。

■最大限に温かな雰囲気になるように演出する

別れはどんなときもつらいものだ。そのため人は、本能的に別れの影響を最小限に抑えようとしてしまう。

しかし、強固な文化を持つチームは、そこで正反対の行動を選ぶ。あえてメンバー全員が別れを体験するためのプラットフォームをつくり、互いへの感謝と楽しい思い出を共有し、去っていくメンバーを気持ちよく送り出せるようにするのだ。

もちろんこれは、去っていくメンバーのためだけの儀式ではない。残るメンバーも、つながりと安全性のシグナルを受け取ることができる。

アメリカ海軍には「ヘイル・アンド・フェアウェル」と呼ばれる伝統的な行事がある。海軍を去る人のために夕食会を開き、その人のために乾杯し、贈り物をして、いい思い出とともに送り出すのだ。

会の形式はさまざまで、ドレスコードのあるフォーマルな会もあれば、ピクニックのような会になることもある。しかし、中心的なメッセージはいつでも同じだ。

「あなたは大切な仲間だ。あなたと一緒にすごした時間に感謝している」という気持ちが、そこにはこめられている。

■跳躍台になる

チームを去るメンバーをサポートし、その人の今後の成功を助けるようなツールを与える。これはチームにとってもっともパワフルな瞬間の1つだ。

NFL（アメリカンフットボールのプロリーグ）のサンフランシスコ・フォーティナイナーズで一時代を築き、伝説のヘッドコーチとして名を残したビル・ウォルシュは、コーチ陣がチームを去るときに、記念品として試合のビデオテープと、チームの戦略を記録したプレイブックをわたすのを習慣にしていた。さらにその贈り物には、「新しい仕事の参考にしてほしい」というメッセージが添えられていたという。

たいていのヘッドコーチは、プレイブックの中身は絶対に秘密であり、外に漏らしてはいけないと考えている。しかしウォルシュの考えは違った。

彼のチームの成功は、たかが1冊のプレイブックに左右されるようなものではない。むしろ、去っていく人の成功を手助けしたほうが、見返りはずっと大きくなる。

それにウォルシュは、去った人が戻ってくるのも、よくあることだとわかっていた。そのためにも、いい印象を残して別れておくのは大切なことだ。

■去っていく人から話を聞く

組織を去ると決めた人は、その組織を新しい視点から眺めることができるようになる。強固な文化のチームであれば、そんな彼らの視点を生かそうとするだろう。気軽に話ができる場を設け、チームを去る人に思うところを語ってもらう。このチームに足りなかったものは何か？　もっと改善できるところはあるか？　誰もが避けているが、それでも話さなければならなかった問題は何か？

チームを去るメンバーは、もっとも豊かな学びを提供してくれる存在でもある。黙って行かせてはいけない。

TIP #48

リーダーがときどき消える

成功している文化には意外な習慣もある。それは、リーダーがときどき黙って姿を消すことだ。そうなるとメンバーは、自分たちの力だけで問題を解決しなければならない。

このテクニックがもっとも得意なリーダーの1人が、サンアントニオ・スパーズのヘッドコーチ、グレッグ・ポポヴィッチだ。

ほとんどのNBAのチームは、タイムアウトの時間を同じように使っている。

まずコーチ陣が集まって数秒間話し合い、選手に伝えるメッセージを決める。そして話し合いが終わると、ヘッドコーチがベンチに向かい、そのメッセージを選手に伝える。

ところがスパーズでは、だいたい1カ月に1度のペースで、タイムアウトを取ってもコーチ陣が集まって話すだけで、選手のところにやって来ないことがある。

選手たちはベンチのところで、ポポヴィッチがやって来るのを待っている。そしてしばらくしてから、これはコーチが来ないパターンだと気づき、自分たちで話し合ってプランを考えるのだ。

ラグビーのニュージーランド代表チームのオールブラックスにも同じような習慣があり、コーチがほとんど指導しない練習を定期的に行っている。

ネイビーシールズ・チーム6元指揮官のデイヴ・クーパーに、最高のシールズ・チームに共通する資質を尋ねたときも、こんな答えが返ってきた。

「これまで指揮してきたなかで最高のチームは、たいてい私の介入をほとんど必要としなかった。特に訓練のときがそうだ。自分たちだけでさっさと訓練を始めて、私をまったく頼らない。彼らに必要なことは、私よりも彼ら自身のほうがよくわかっているんだ」

ゲームプランを立てる　ステップ3

「弱さ」を強化する

誰もが弱さを見せられるチームをつくるのは、筋肉を鍛えるのと似ている。筋トレには筋肉痛が欠かせないように、ここでも気まずさや苦痛は大切な成長過程だ。

個人の行動1

■会話のきっかけ

信頼関係があるから弱さを見せられるのではない。実際はその反対で、弱さを見せるからこそ強固な信頼関係が築かれる。

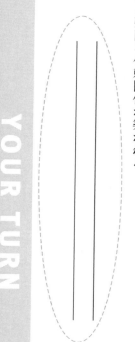

1 前ページの点線の丸の中に、あなたのチームで話さなければならないが、まだ話せていない話題を1つ書く。ただお互いの不満をぶつけるだけでなく、チームが協力して向上する方法を考える

2 点線の丸の外には、この会話で助けになってくれそうな人たちの名前を書く

個人の行動2

■内省のための質問

先の「個人の行動1」で選んだ話題に関する質問だ。

どんなことがその会話を始めるきっかけになってくれるだろうか?

自分の失敗の体験を振り返る。長い目で見れば何かを学ぶことができた失敗はあるだろうか？ そのあなたの体験を聞いてすぐに効果が現れそうなメンバーの名前をあげる。おそらく新しいメンバーがいいだろう。

YOUR TURN

今まで会ったなかで最高に聞き上手な人を思い出す。その人からスキルを1つ借りて、自分のものにできるとしたら、どのスキルを選ぶだろう？　あなたはそのスキルをどのように使うだろう？

チームの行動

4人から8人のグループに適した行動（エクササイズ）をする。所要時間は35分。それよりも人数が多いなら適宜分割し、後で結果をお互いに公表する。

道具：付箋紙、ペン、ホワイトボード（デジタル版でも可）

行動1

次の行動リストからやってみたい行動を各自で選んでもらう。それぞれが自分の選択を付箋紙に書き（1枚につき1つ）、ホワイトボードに貼る（所要時間5分）。

行動リスト

- 「成功した文化は何の問題もない」という幻想を捨てる
- 早い段階で失敗が許されることを伝え、何度も伝える
- ミーティング前のウォーミングアップを実施する

YOUR TURN

- 3行メールを送る
- 話を聞くときは「魔法のフレーズ」を使う
- 「AAR」を習慣にする
- バーチャル空間で廊下を歩く
- 「魔法の杖の質問」をする
- 厳しい現実を突きつけず、温かい率直さを目指す
- メッセンジャーを抱きしめる
- 「失敗の壁」をつくる
- 「秘密なしミーティング」を開催する
- 個人の仕事場所を紹介する
- 普通にメンタルヘルスの話ができるようにする
- アイデア交換会を開く
- 定期的に「ピットイン」を行う
- 「引き算ゲーム」を行う
- 「増やすこと・変えること」の質問をする
- ネガティブな話は一対一で伝える

- 「好奇心のタイムアウト」を取る
- 不安パーティを開く
- 自分のバックハンドを見せる
- 観客を入れる
- プロジェクト完成の儀式を行う
- 「健全な別れ」を実践する
- リーダーがときどき消える

あるいは、自分で行動を考える。

1

2

3

行動2

その行動を選んだ理由と、その行動が与えるかもしれないインパクトについて話してもらう（所要時間10分）。

行動3

チームで話し合いながら、それぞれの行動が下の図のどのマスに入るかを考える。ここでの目標は、右上のマスに入る行動（簡単にできてインパクトが大きい行動）を2つか3つ見つけることだ（所要時間10分）。

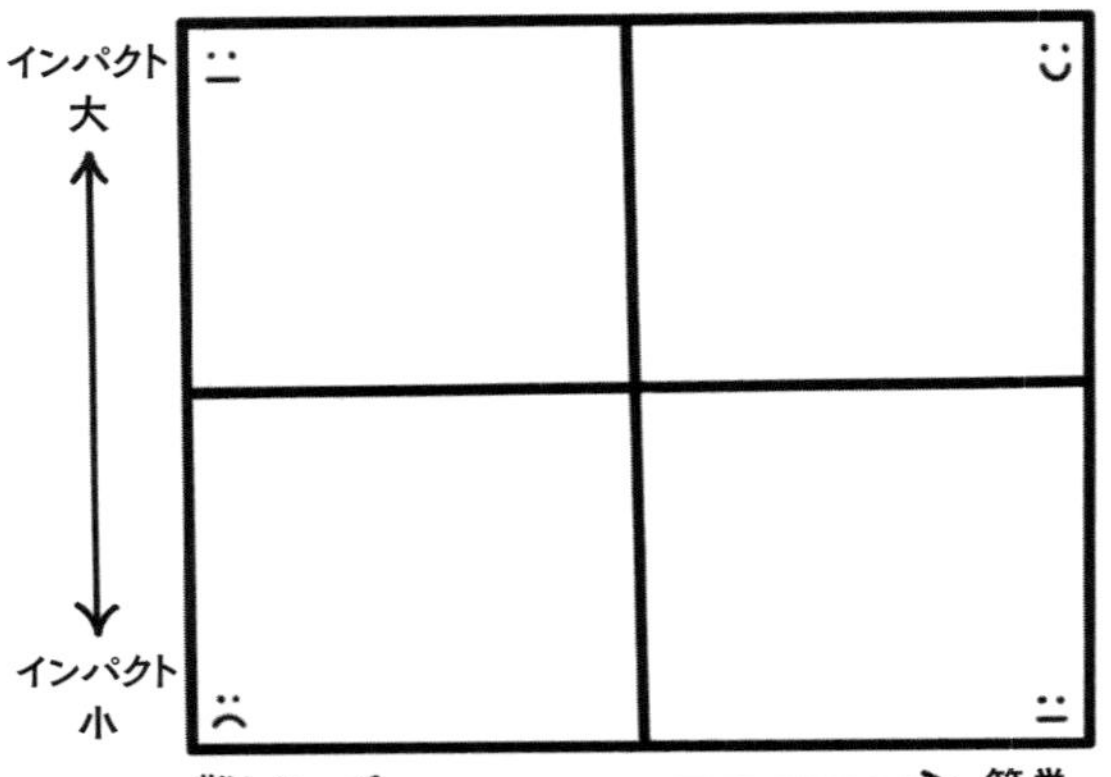

行動4

行動3で見つけた2つか3つの行動を実行するために、必要なステップを具体的に考える。明日できることは何か？　必要な道具は？　誰に参加してもらうべきか？（所要時間10分）

実行ステップ1

実行ステップ2

YOUR TURN

実行3

ステップ

PART 3

共通の目標

ESTABLISHING PURPOSE

チームで共通の目標を持つ

チームが目指す「北極星」は
どこにある？

正しいチームの文化を確立するのは、厳しい大自然の中を行く探検紀行に似ている。どちらもチームワークが必要で、スタミナも欠かせない。

だが何よりも大切なのは、明確な目的地と、正確な地図だ。日々の生活というジャングルの中を迷わずに進んでいくには、何らかの手がかりがなければならない。

その役割を果たすのが、チームの共通の目標だ。

たいていの人は、「目標」というと何か仰々《ぎょうぎょう》しい言葉で書かれたものを想像する。目標を考えるのは上の人たちで、自分たちはただそれに従うだけだ、と。

しかし、本当の目標はもっと大きな存在だ。上から押しつけられるのではなく、むしろメンバーによる有機的な協力によって生まれてくる。立派なミッションステートメントを石に刻めば、それで終わりというわけではない。目標はいくつものスポットライトのようなものであり、チームが前に進む道をさまざまな角度から照らしてくれる。

そのスポットライトを構成するのは、つねに進化する鮮明なイメージ、キャッチフレーズ、態度、物語、人工物などだ。チームのメンバーはそれらを見て、自分の現在地を知り、行き先を知り、なぜ自分はそこに向かっているのかを知る。

目標に向かうチームの行動にもさまざまな形があるが、プロセスはすべて同じだ。チームにとっていちばん大切なものは何かということをつねに考え、その答えをメンバーが知覚可能なシグナルに変換する。

チームの目標を決める過程で、覚えておいてもらいたいことがもう1つある。目標の基盤には、必ず楽観主義と希望がなければならない。強固な文化とは、ポジティブなビジョンに向かって進んでいくということであり、ネガティブなビジョンから逃げるということではない。

「楽観主義は優れたリーダーシップの核となる原則だ」と、ディズニーCEOのボブ・アイガーは、あるインタビューのなかで語っている。

「悲観主義者についていきたいと思う人はいない」

チームと一緒に考える

■目標について話をしよう

目標をたった1つの文で表現することはできない。目標はむしろ、さまざまな物語、スローガン、シンボル、発言、態度、イメージからなる万華鏡のようなものだ。

チームが進む前方のフロントガラスにはその万華鏡の模様がキラキラと輝き、あなたをもっとも高次の目標へと導いていく。

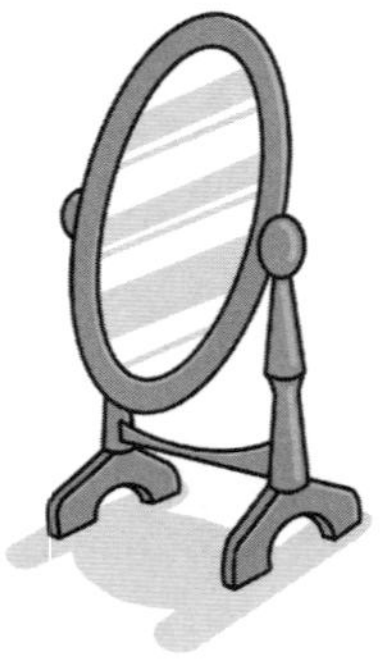

火星人が地球にやって来て、あなたのチームを観察しているとしよう。彼らはどうやって、チームにとっていちばん大切な価値を知ることができるだろう？　どうやってあなたにとってもっと優先順位の高いものを見抜くだろう？

チームのメンバーに、もっとも大きく、もっとも大切なチームの目標を尋ねたら、彼らの答えは一致するだろうか？　それともそれぞれで違うだろうか？　その理由は？

最高の状態にあるあなたのチームを1つの物語で描写するとしたら、どんな物語になるか？

リーダーが1週間現れなかったら、あなたのチームはどうなるか?
最善のシナリオと最悪のシナリオを考える。

TIP #49

「クサいキャッチフレーズ」を活用する

あなたはもしかしたら、強固な文化はクサいキャッチフレーズとは無縁だと思っているかもしれない。確固とした意思と明確な目標があるので、ダサいスローガンなど必要ない、と。

ところが、実際はその正反対だ。

たとえば、ネイビーシールズには「楽な日は昨日だけだ」や、「静かなるプロフェッショナル集団」というスローガンがあり、ザッポスには「すごく楽しく、ちょっと変わってる」

「変化を抱きしめ、変化を加速させろ」、KIPPには「必要なことはすべてする」「すべての生徒のために全力投球」というスローガンがある。

彼らのような強固な文化を持つチームは、クサくてダサいスローガンやキャッチフレーズを大いに活用している。スローガンを壁に書き、ハンドブックにも書き、スピーチのときにもくり返す。いたるところにこれらの言葉があるために、訪問者は圧倒されてしまうほどだ。

彼らがこんなことをするのは、キャッチフレーズはただのキャッチフレーズではないからだ。それはメンバーの注意を引くシグナルであり、今の瞬間と、共有する大きな目標を達成した未来をつなげる役割を果たしている。

「これが私たちが働く理由だ。私たちはここにエネルギーを注がなければならない」というメッセージになっている。

凡庸な内容で、ほとんど誰も覚えていないミッションステートメントとは違い、効果的なキャッチフレーズには次のような特徴がある。

- 簡潔でわかりやすい
- カギとなる行動や資質にスポットライトを当てている

●覚えやすく、シェアしやすい

キャッチフレーズをつくるときは、気の利いた言葉をひねり出す必要はない。大切なのは、わかりやすく、自然なことだ。まずは今あるキャッチフレーズに少し手を加えることから始めてみよう。

まったく新しいものをつくりたいなら、次のＴＩＰ50を参考にしてもらいたい。

TIP #50

マントラ・マップを作成する

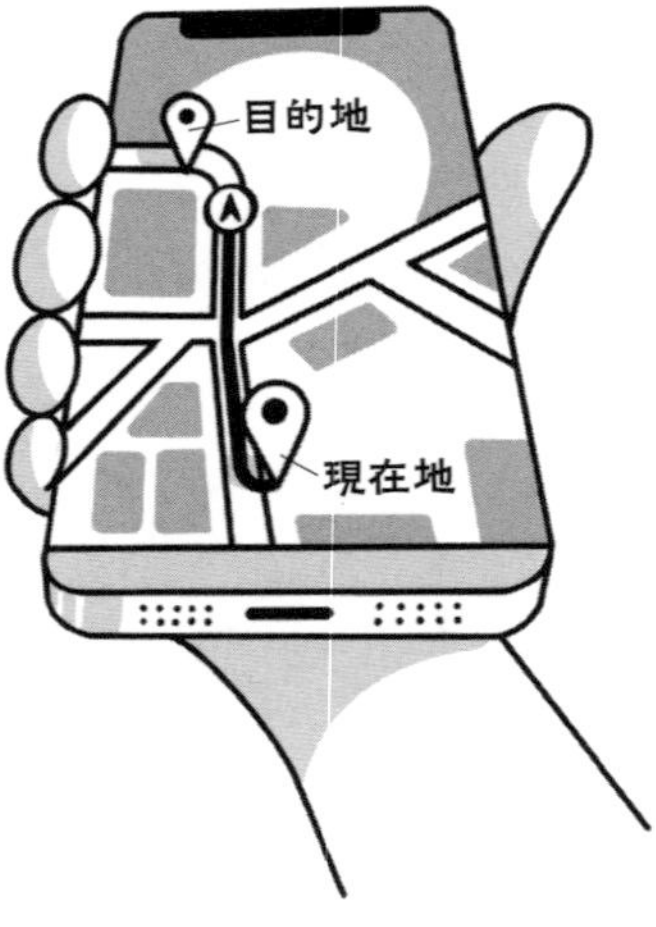

1985年、ダニー・マイヤーは最初のレストランを開業した。店は成功した。数年後に2店目を開業すると、それから数カ月のうちにどちらも人気に陰りが出てきた。

なぜか？　それは、ダニー・マイヤーこそが文化そのものであり、両方の店に同時に存在することができなかったからだ。

マイヤーが店にいるときは、スタッフも大切な価値を知ることができる。何が大切で、何がそうでないのかということも、どうふるまうべきかということも理解している。

しかし、マイヤーが店にいないときは、その文化が雲散霧消してしまう。店のウェイターの1人が客を侮辱したことを知ると、マイヤーは行動を開始した。自分が大切にしている文化を、誰にでもわかる形で提示しなければならない。

マイヤーはまず、自分が創造したい価値と、スタッフに身につけてもらいたい態度を、シンプルな言葉で表現することにした。いくつか紹介しよう。

- **熱狂を創造する**
- ゲストの気持ちを読む
- アスレチックなおもてなし
- すばらしい最終章でしめくくる
- 家庭らしさを演出する
- 問題を愛する
- イエスを見つける
- 点を集め、点を結ぶ
- 1つのサイズに合うのは1人だけ
- 何事も好意的に解釈する

●店の損になっても、ゲストに最高のもてなしを
●人間は感情の航跡を残す
●ハグしてもらうには、ハグしなければならない
●反射的に最高を目指す
●門番ではなく、使者になれ

最初の1行に注目してもらいたい。マイヤーは「熱狂を創造する」という言葉で、彼にとっての北極星を表現している。簡潔で力強く、鮮烈なイメージを喚起させる言葉だ。「すばらしい食事を提供する」「成功する」といった平凡な言葉とは比べものにならない。

そこからマイヤーは、スタッフに求める態度を表現する言葉を並べていく。たとえば、「イエスを見つける」「問題を愛する」「アスレチックなおもてなし」というように。どれも、チームを目的地に向かわせる推進力を持つ言葉だ。

それらの言葉を重ねていくと、最終的に地図のようなものが見えてくる、これが私たちの目的地で、そしてこれが目的地までの道のりだ。

彼は、このマントラ・マップをスタッフたちに教えるようになった。さらに、スタッフの採用や訓練にも、マップを活用するようになった。このマップを見れば、彼のチームに

必要なスキルと態度がすぐにわかるようになっている。

ここでマイヤーがしたことは、どんなチームでも取り入れられる。方法を説明しよう。

1 チームで集まる。大人数のチームなら、1つのテーブルにつき6人から8人までになるように分割する。マイヤーの物語と「マントラ・マップ」をメンバー全員に伝える。

2 マイヤーのマップを参考に、自分たちのチームのマントラ・マップをつくる。テーブルごとに話し合って考える。

チームの北極星は何か？　その北極星に向かって進むには、どんな態度がカギになるか？　その態度を短い言葉で表現するとどうなるか？　何度もくり返し起こる問題は何か？　その問題への理想的な対処法は？　絶対に見せてはいけない態度は何か？

ここではできるだけたくさんのマントラを考えてもらう。クサくてダサいほどいいマントラだ。

3　テーブルごとにできあがったマントラ・マップを発表してもらう。マップをホワイトボードかイーゼルに掲示し、質問をして全体の議論を促す。

何か足りないものはあるか？　これが私たちの本当の姿なのだろうか？　マントラが伝える意味をメンバー全員に徹底し、その価値観を仕事に組み込むさまざまな方法を考える。

マントラ・マップは絶対不変の掟《おきて》ではない。それはメンバーに気づきを促すツールであり、時の流れとともに変化する。マイヤーは現在にいたるまで、マントラを書くという習慣をずっと続けている。新しい挑戦やチャンスが現れるたびに、新しいマントラで受けて立ってきた。彼のこの姿勢は、きっとあなたのチームにも参考になるはずだ。

TIP #51

「ベスト・バリア」ワークショップを開催する

これは私のお気に入りのエクササイズの1つだ。2つのシンプルな質問だけで、目標が明確になり、チームを活性化することができる。

その質問とは、「最高の状態にある私たちはどのように見えるか？」、そして「毎日その状態になるのを妨げているものは何か？」だ（気づいた人もいるかもしれないが、16ページの「ゲームプランを立てる」というセクションに出てきたのと同じ質問だ）。

この2つの質問について、約1時間かけて話し合う。

1 チームを6人から8人のグループに分け、グループごとに同じテーブルに座る(テーブルは5台までにする)。そしてテーブルごとに、1つめの質問「最高の状態にある私たちはどのように見えるか?」について話し合う。時間は10分だ。

最高のパフォーマンスを発揮したときのことを思い出し、そのときにどんな状態だったかをできるだけ具体的に描写する。メンバーの態度、コミュニケーション、メンバー同士の交流のパターンはどうだったか?

2 テーブルごとに答えを発表し、ホワイトボードかイーゼルに掲示する(20分)。

3 次に、2つめの質問「毎日その状態になるのを妨げているものは何か?」についてテーブルごとに話し合う。時間は10分。チームが最高のパフォーマンスを発揮するのを妨げている障害について考える。具体的であればあるほどいい。

4 テーブルごとに答えを発表する(20分)。ここでの目的は犯人捜しではない。チームの現状を正しく把握し、チームが直面する困難やチャンスについて活発に意見を交わすことが目的だ。

TIP #52

ミーティングの冒頭でチームの目標を確認する

ミーティングは、目標が死を迎える場所だ。それを避けるには、ミーティングの冒頭の短い時間を使って、チームの大きな目標を確認するという方法がある。

つまり、「私たちはなぜ働くのか？」ということだ。

これはそれほど大変なことではない。その日の出来事をいくつかあげ、それを大きな目標と結びつけるだけでいい。

たとえば、非営利医療サプライヤーのオクスナー・ヘルスでは、毎回ミーティングの冒頭で患者の話をすることにしている。

成功の物語もあれば、困難の物語もあるが、すべてに共通するのは、オクスナーのスタッフと患者たちの人生の間にあるつながりだ。彼らはミーティングのたびに患者の物語を聞くことで、自分たちにとって本当に大切な価値を思い出すことができる。

「個人の役割と組織の目標を結びつける。そのつながりを見ることができれば、仕事に情熱を持つことができるだろう。
自分の仕事が重要で、立派で、意義深いと感じることができる。
——ケン・ブランチャード」

TIP #53

ミーティング後の振り返りを習慣にする

リモートワークをしていると、「いつも同じ会話」という大海原をひたすら泳いでいるように感じることがある。

そんなマンネリを打破するには、ミーティングの後で数分間の時間をつくり、話し合われた内容を振り返るというテクニックが有効だ。

ここでは探偵になったつもりで考えよう。

特に発言が少なかったのは誰か？
やたらと熱くなっていたのは誰か？
チームがもっとも活気づいた話題は何か？
その話題は次のミーティングでどんな方向に広がるか？

思いついたことをメモし、折にふれて見直す。
ここでの目標は、何か明確な答えを出すことではなく、それらの質問を懐中電灯のように活用し、もっと奥に何があるのかを探ることだ。

TIP #54

「今週のインパクト大賞」を発表する

大きな目標をチーム全体に浸透させたいなら、どんなチームでも活用できる強力な方法がいくつかある。そのうちの1つが「偉大さ」を体現した人にスポットライトを当てることであり、それを実行する方法の1つが「今週のインパクト大賞」を発表することだ。

この方法は2つのステップから成る。

1　クライアント、顧客、地域社会に前向きなインパクトを与えた事例を具体的にあげる。あなたのチームは世界にどんな貢献をしたか？

2 その物語を定期的に発表する。たとえば、メリーランド州のある病院では、来院した患者にフィードバックを求めている。ネガティブなフィードバック（だいたい1割）は、サービスリカバリー（サービスの失敗への対応）のシステムを通して対処する。そしてポジティブなフィードバックは、院長からの感謝の言葉とともにチームで共有する。

その表現は、シンプルで具体的だ。たとえば、「親切とフレンドリーな対応に感謝を」「アシュリーのプロ意識と最高のケアに感謝する」「ドクター・ダンレヴィーは非常に優秀で患者思いだ」というように。シンプルで具体的だからこそ、これらの言葉には大きな効果がある。チームが目指すべき態度が明確にわかるからだ。

実は、この種の「ポジティブな出来事を共有する」というテクニックはあまり注目されていない。その理由は、誰もがひと目でわかるような明確な判断基準が存在しないからだ。しかし、それこそが重要な点でもある。仕事の意義、メンバーの感情、チームのアイデンティティは、そのような目に見えない資質から生まれるからだ。

私たちに考えることを促し、感情を喚起することができるのは物語だ。数字にその力はない。そしてそのことが、次のＴＩＰにつながる。

TIP #55

物語は貴重な資源だ

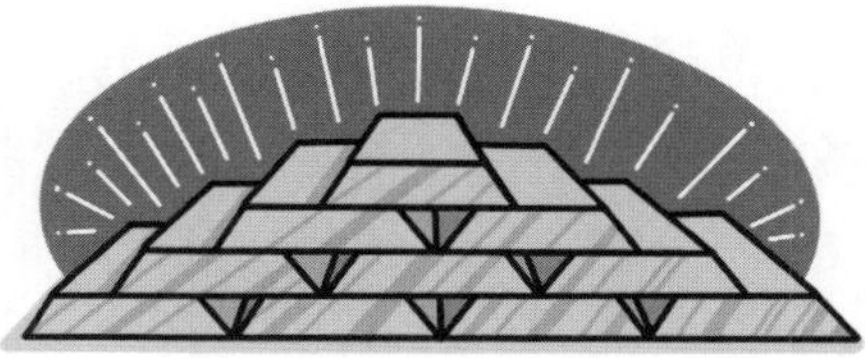

物語はこの地球上でもっとも大きな力を持つ。それは私たちの脳に明かりを灯す。大切な価値を教え、感情を喚起し、手本となる態度を示してくれる。

それに、スタンフォード大学経営大学院のジェニファー・アーケルによると、物語はただの情報に比べ、脳に記憶を定着させる力が22倍にもなるという。

だからこそ、強固な文化のチームは物語を大切にする。彼らの間に伝わる豊かな物語は、彼らの価値観、彼らのスキル、彼らの強みを描写するのはもちろん、彼らの弱点を伝える役割も果たしている。

たとえば、私がこれまで会ったことのあるリーダーのなかには、「自分の若いころの失敗談」が好きな人が何人かいる。あるメジャーリーグチームのゼネラルマネジャーは、新人が入ってくるといつもそんな話を聞かせていた。

彼の言葉を大まかに引用しよう。

「私はこのチームで新人だったころ、キャッチャーの技術の基本を調べるプロジェクトに取り組んだことがある。何カ月もかけて大量のデータを分析し、ついに謎を解明した。自分ではすっかり答えを見つけたつもりだったよ。

そこでダグアウトへ行くと、メジャーリーグのキャッチャーに向かって15分も演説をぶったんだ。しかし、そのとき気がついた。自分はほとんど何もわかっていない！

キャッチングには、言葉にできない要素が山のようにある。何百万もの小さな決断や細部の積み重ねが、メジャーリーガーの技術につながっているんだ。私はそれを理解していなかった。教えが必要なのはむしろ私のほうだった。現場で野球をしている彼らから学ばなければならない」

そこでそのゼネラルマネジャーは満面の笑みを浮かべる。

「当時の私はまったく話にならなかったよ。本当に何もわかっていなかった！」

この物語と、彼の笑顔が伝えるのは、「データが力を持つのは、データの正しい使い方を理解しているときだけだ」という明確なメッセージだ。

それに加えて、「私は失敗した。きみも失敗するだろう。しかし、それはかまわない」という温かいシグナルの役割も果たしている。

チームの物語は、チームの記憶の蓄積だと考えてみよう。チームの結束を強め、目標を明確にしたいときに、みんなで見るアルバムのようなものだ。

物語をつくる具体的な方法をいくつか紹介しよう。

■グループのニーズに応じた物語をつくる

それぞれの場面や状況によって、適している物語は異なる。「若いころの失敗」の他にも、いくつか使えるトピックを紹介しよう。

あなたのチームがモチベーションの問題で苦労しているなら、「**インパクトの物語**」がおすすめだ。インパクトの物語は、自分たちの仕事と社会をつなげる役割を果たしてくれる。

たとえば、あるボルト製造会社では、ヘリコプターの墜落事故でパイロットの命が助かったのは、自社のボルトがプロペラと機体をしっかりとつなぎとめていたからだという物語が語り継がれている。またその会社は、物語をさらに強化するために、自社の会議にそのパイロットを招待し、壇上に上がってもらったこともある。その場にいた従業員はみな涙を流した。「自分たちの仕事は人の命を救っている」という明確なメッセージを受け取ったからだ。

あなたのチームが仕事の原点を思い出す必要があるのなら、「**危機の物語**」が有効かもしれない。どんなチームにも、チーム独自の文化が形成された決定的な瞬間がある。

危機の物語は、そんな瞬間の物語だ。

たとえばピクサーの首脳陣は、会社が瀕死の状態から見事に復活を遂げた経験をよく語っている。それはピクサーが、劇場公開ではなく、ビデオ販売用に『トイ・ストーリー』を製作したときのことだ。

すでに完成していたが、きわめて凡庸な出来だった作品の発売をとりやめ、まったく新しい、しかも劇場公開用の『トイ・ストーリー』を記録的な速さで完成させたのだ。

この物語は、仕事に高い基準を設けるという価値を思い出させる役割を果たしている（現にピクサーには、「Bレベルの仕事は魂に悪い」というスローガンがある）。

彼らはこの物語のおかげで、自己満足の誘惑から逃れることができる。

チームにとって大切な価値を忘れそうになっているという問題があるなら、「**美徳の物語**」を試してみよう。これは、メンバーが正しいことのためにリスクを取り、献身的な態度を見せた物語だ。

たとえば、私の知るかぎりでも、メンバー自身や家族が重い病気と診断されたときに、他のメンバーが献身的に支えるようなチームはたくさんある。

難しい問題に直面して苦闘しているチームなら、「**イノベーションの物語**」が役に立つかもしれない。これは、常識や慣習にとらわれず、まったく新しい道を切り拓いたときの経験を語る物語だ。

知り合いのあるネイビーシールズ指揮官は、作戦でパキスタンの混雑した道路を移動したときの物語がお気に入りだ。

標的に気づかれないように近づくにはどうするか悩んだ結果、現地で「ジンガ・トラック」と呼ばれる派手なペイントを施したトラックを使うことにした。完全武装したシールズの部隊が、バーニングマンの会場で見かけるようなド派手なトラックで移動する姿を想像してみよう。

これは本当に忘れがたい経験であり、柔軟な発想の大切さを思い出させる役割も果たしている。

■ＣＳＷＤミーティングを開く

ＣＳＤＷとは、「私たちがしているクールなこと（Cool Stuff We Do）」の頭文字だ。

これを定例ミーティングとして開催し、組織内で起きたワクワクするような出来事を報告する。１カ月に１回、１時間のミーティングで「最高の状態にある自分たち」の物語を聞くことができれば、その１時間はチームにとって最高の投資になるだろう。

「リーダーシップはグループ現象だ。
——ロバート・ジネット」

TIP #56

「カルチャー・キャプチャー」を実施する

強固な文化のチームは、定期的に「カルチャー・キャプチャー」を実施する。私たちが定期的に健康診断を受けるのと同じようなものだ。

カルチャー・キャプチャーとは、チームの現状を広い視野から眺めるためのテクニックだ。自分たちの文化の現在地を知るだけでなく、問題の芽を早期に発見することもできる。

その方法を見ていこう。

1　チームのメンバー全員に、次の質問をする（SurveyMonkeyなど、匿名で回答できるアンケートアプリやウェブサービスを使うと便利だ）。

●成功することの他に、私たちが組織として達成したいことは何か？
●あなたがここで働くもっとも大きな理由は何か？
●私たちの文化を3つの言葉で描写すると？
●チームの文化にとって欠かせない要素であり、これからも絶対に変えてはいけないものは、私たちのどの部分か？
●私たちとライバルとの違いは何か？　私たちならではの特徴は？
●私たちの文化で交渉の余地のないものは？　私たちが絶対に支持しないものは？
●この組織では起こるが、他の組織では絶対に起こらないことは何か？　実際にあったことを簡潔に描写する
●私たちの文化で変えたいところを1つあげる
●このアンケートには入っていないが、私たちの文化と、私たちの方向性を理解するうえで欠かせない大事な要素は何か？

2 表計算ソフトを使ってアンケートを集計する。いちばん上の列にチームの核となる価値を並べ、メンバーの回答をもっともあてはまると考えられる価値の下に書き込んでいく。その価値を強化するものもあれば、その価値にとって挑戦となるものもあるだろう。

3 集計結果にあなたのコメントを添えてメンバーに配り、次の質問をする。

- 私たちの強みは何か？
- 私たちの弱点は何か？
- 避けるのではなく、むしろ正面から受け止めて活用しなければならない「緊張」や「あつれき」は何か？
- 何を変えるべきか？

ここでの目標は、自分たちがチームの核となる価値をどこまできちんと体現しているかについて、活発な議論を促すことだ。その過程で、現状の文化が変わることを恐れてはいけない。

私が会ったリーダーの多くは、本能的にこれを行っている。

「生産的な不満」とも呼べるようなものを、積極的に活用しているのだ。

彼らは現状の成功に対してどこか疑いの目を向け、「私たちは今でもこれを信じているか？」「これは私たちの本当の姿か？」といった厳しい質問を恐れない。

自らがそれらの問いを発し、そしてメンバーも安心してそれらの問いを発せられる環境を整えれば、自己満足の罠《わな》を脱して、さらに成長することができるだろう。

TIP #57

人工物を活用する

強固な文化のある場所に一歩足を踏み入れると、そこで働くチームの目的意識を肌で感じることができる。

たとえば、バージニア州ダムネックの海軍司令部に設置されたネイビーシールズ本部には、テロ攻撃を受けたワールドトレードセンターから持ち帰った「ねじれた梁《はり》」をはじめ、任務で命を落とした隊員たちを思い出させる人工物が数多く並んでいる。

それはまるで軍事博物館のような眺めだ。

ピクサーの本社ビルも同様で、まるでピクサーの映画の世界に入り込んだような気分にさせてくれる。レゴでつくられた、人間と同じくらいの大きさのウッディとバズがいるかと思えば、エントランスの外には6メートルもあるピクサーのロゴに使われているランプが飾られている。それらすべてが、ピクサーの魔法を体現する存在だ。

「岩を叩け」というスローガンでおなじみのNBAサンアントニオ・スパーズは、本部の建物に入るとまっ先に目に入るものがある。もうおわかりかもしれないが、それは巨大な岩とハンマーだ。

例にあげたチームのような輝かしい実績がなくても、人工物を活用することは可能だ。自分のチームが世界に対してどのような貢献をしているかを考え、その貢献がひと目でわかるような人工物を見つけるだけでいい。

満足した顧客からのお礼のメールを拡大コピーして飾る、会議室にチームの功績にちなんだ名前をつける、チームの歴史を語るものをガラスケースに飾るなど、方法はいろいろある。

ここで大切なのは、チームの目的を思い出させてくれるもので物理的な空間をいっぱいにすることだ。チームにとって大切なものにスポットライトを当てれば、誰もがそれを感じることができる。

「偉大なリーダーには注意しろ。
小さなリーダーがたくさん、たくさん生まれることを望みなさい。
――ピート・シーガー」

TIP #58

「9つのなぜ」ゲーム

チームの目的意識を浸食するいちばんの敵は、現代社会にはびこるこの終わりのない忙しさかもしれない。急を要する小さな仕事が、次から次へと舞い込んでくる。そうやって私たちの時間は奪われ、注意力も削られる。すべてが重要なことのように感じてしまう状況で、本当に大切なことを知るにはどうすればいいのだろう?

そこで登場するのが、ヘンリ・リプマノヴィッチとキース・マッカンドレスが開発した「9つのなぜ」ゲームだ。チームでこのゲームを行うと、自分たちにとって本当に大切なも

「9つのなぜ」ゲーム

なぜ?　なぜ?　なぜ?

のと、そうでないものを落ち着いて考えることができる。手順を説明しよう。

1 チームが共同で取り組んでいる大きなタスクやプロジェクトを1つ選ぶ

2 そのタスク、またはプロジェクトを完成させるためにしていることをすべてリストにする

3 リストにした行動を1つずつ見ていく。この行動にはどのようなインパクトがあるか？　なぜそれが私たちにとって重要なのか？　なぜそれが必要なのか？　このような「なぜ」の質問でどんどん深掘りしていく。ここでの目的は、全員が認めるその行動の根源的な意義を探りだし、仕事全体の意義を確認することだ

4 最後に未来に目を向ける。チームの目標に照らし合わせて考えると、私たちの次の一歩はどのようなものであるべきか？

このプロセスを通して、大きな目標にそれほど貢献していなかった行動も見つかるかもしれない。反対に、計り知れないほど大きな貢献をしていた行動も見つかるだろう。

ここで大切なのは、エネルギーを注ぐべき場所をメンバー全員が明確に知ることだ。

TIP #59

カルチャー・ブック（デック）をつくる

私たちの物語

根源的に、目標を確立するとは、自分たちの仕事に意味を与えるということだ。チームの目標をメンバーで共有できるような形でまとめたものがあれば、新しく入ってきた人はそれを見てチームの目標を知り、そして既存のメンバーも目標を再確認することができる。

とはいえ、どんなものがその役割を果たしてくれるのだろうか？

幸いなことに、役に立つモデルはすでにたくさん存在する。[*7] 基本的なカテゴリーに分けて紹介していこう。

■マントラ・マニュアル

チームの核となる価値、マインドセット、態度を、シンプルで心に響くスローガンやキャッチコピーで表現する。あまりたくさんあると覚えられないので、6つ以内が望ましい。

参考になるのは、たとえばデザイン会社のＩＤＥＯで使われている「ザ・リトル・ブック・オブ・ＩＤＥＯ」だ。

まずチームのリーダーたちの言葉があり、次にチームの価値をもっともよく表現するいくつかのキャッチフレーズ（「言葉は少なく、行動は多く」「曖昧さを歓迎する」「オーナーシップを握る」「他者の成功を助ける」）と、それぞれの意味の説明という構成になっている。

■イヤーブック

これはチームの1年にわたる活動の記録だ。チームの大切な価値を実際に行動に移した例を集めて、１冊の本にまとめる。

この方法がうまくいくのは、たとえばザッポスのような、エネルギーレベルの高い大きなチームだ。

■伝記

チームの歴史を振り返る。チーム結成当初の物語を通して、チームの核となる価値とアイデンティティを再確認する。

他とは違う独自の背景を持ち、それがアイデンティティの根源になっているチームは、伝記という方法が特に有効だろう。

ここで確認しておきたいのは、方法を1つだけに絞る必要はないということだ。

多くのチームが、スライド、動画、本など、さまざまな方法で自分たちの物語を語ることを選んでいる。そのときどきの状況や、誰に伝えるかといった条件を考慮して、もっともふさわしい方法を選べばいい。

チームの文化を伝える物語はたった1つではない。物語は、チームの進化とともにどんどん増えていく。それぞれの物語を、それにふさわしい方法で、伝えるべき人に伝えればいい。

そしてもう1つ大切なのは、どんなにパワフルな物語でも、時間の経過とともに色あせていくということだ。物語はつねに見直し、アップデートし、改善していかなければならない。

「リーダーにとって真に重要な行動は1つしかない。それは文化を創造し、育てることだ。文化を支配できなければ、逆に文化から支配されることになるだろう。

――エドガー・シャイン」

*7 参考になるような質の高いカルチャー・デックを探しているなら次のサイトが便利だ。Bretton Putter, "The Very Best Company Culture Decks on the Web," Medium, June 5, 2018, https://medium .com/swlh/the-very-best-company-culture-decks-on-the-web-5a3de60c0bb9

TIP #60

「エクセレンスの見本」をつくる

チームのスキルはもっとも貴重な資産の1つだ。ここでの問題は、そのスキルをどうやって伸ばしていくかということ。近年はリモートワークが格段に増えたので、メンバーの能力開発が特に難題になっている。

考えられる答えの1つは、「エクセレンスの見本」を提示することだろう。

エクセレンスの見本とは、この組織で成功するのに必要な資質をメンバーたちとともに考え、それをわかりやすくまとめた資料のことだ。

エクセレンスの見本は青写真のような働きをする。自分たちにとって本当に大切なことを具体的に描写し、学習と成長を助けるテンプレートの役割を果たしてくれる。つくり方を見ていこう。

1　メンバーを役割ごとに分類し、それぞれの役割に必要な資質や能力をバランスよく備えた人を選んで次の質問をする。

- あなたの役割でトップクラスのパフォーマンスを発揮するには、どのようなスキルや強みが必要か？
- 今まで一緒に働いた人のうち、もっとも能力が高かったのは誰か？　彼らが特別だと感じたエピソードも話してもらう
- この仕事で絶対に譲れない点は何か？　失敗が許されない部分は？
- 若いころの自分に、この仕事で成功する方法を伝えるとしたら、どんなアドバイスがもっとも役に立つか？
- あなたの仕事で、部外者からはよく見えていないと思われる部分は何か？　どの点がいちばん誤解されているか？

2　もっとも大切なスキルを選ぶ。10個より多くしないこと。表計算ソフトのいちばん上の列にそのスキルをリストにする。もしそれが適切なら、そのスキルが必要な存在ごとに分類してもいい。たとえば、「自分」「他のメンバー」「会社」などだ。次に、それぞれのスキルの下に、スキルの具体的な説明を列挙していく。ここではメンバーへの質問で集めた回答を利用する。

3　できあがった表をメンバーと共有し、内容について議論する。何か足りないものはあるか？　何か意外だった点はあるか？　この表を下敷きにして、仕事に必要なスキルをもっとわかりやすく伝えるにはどうするか？

完璧な見本ができなくても心配はいらない。石に刻みつけるわけではないからだ。ここで大切なのは、メンバー間で議論を続け、自分たちにとっての理想像を磨き上げていくことだ。ほとんどのチームは、この議論そのものが大きな効果をもたらしたと感じている。

ゲームプランを立てる ステップ4

目標を強化する

目標を強化するには、デザイナーのように考えることが必要だ。本当に大切なものにエネルギーを注げるようになるには、チームの環境、言語、儀式、構造をどうつくり変えればいいだろう?

個人の行動1

■自分の物語をつくる

物語は人類史上もっとも強力なドラッグだ。人は物語を聞くと、脳の全体が発火する。物語は価値を明確に伝え、チームの本質を記憶に残るパッケージにまとめてくれる。

最高の状態にある自分のチームを想像し、そのようすをごくシンプルな3つの物語にまとめる。もし迷ったら、次に紹介する「問題・突破口・恩恵」のモデルが役に立つかもしれない。

物語１

ある日、私たちは○○○に遭遇した（○○○に問題の例を記入する）

○○○をきっかけにすべてが変化した（○○○に突破口の例を記入する）

その結果、私たちは○○○を創造した（○○○に恩恵の例を記入する）

物語2

ある日、私たちは○○○に遭遇した（○○○に問題の例を記入する）

YOUR TURN

◯◯◯をきっかけにすべてが変化した（◯◯◯に突破口の例を記入する）

その結果、私たちは◯◯◯を創造した（◯◯◯に恩恵の例を記入する）

物語3

ある日、私たちは○○○に遭遇した（○○○に問題の例を記入する）

○○○をきっかけにすべてが変化した（○○○に突破口の例を記入する）

その結果、私たちは○○○を創造した（○○○に恩恵の例を記入する）

個人の行動2

■内省のための質問

チームの目的意識をもっと目につきやすくするにはどうするか？
バーチャルの世界と現実世界の両方で考える。

ここ数年で、チームの目的意識に前向きな影響を与えた出来事や経験のうち、もっとも大きなものを2つか3つ選ぶ。なぜそれらには影響力があったのか？

チームの現在地と、これから向かう先について、チーム全体で考える時間はどれくらいあるか？ その時間を今よりも増やすにはどうするか？

YOUR TURN

チームの行動

このエクササイズは4人から8人のグループに適している。所要時間は35分。人数の多いチームは適宜分割し、後で集まって結果を発表する。

道具：付箋紙、ペン、ホワイトボード（デジタル版でも可）

各メンバーに、自分がやりたい行動をリストから2つ選んでもらう。メンバーが選んだ行動を付箋紙に書き（1枚につき1つ）、ホワイトボードに貼る（所要時間5分）。

行動1

それぞれのメンバーに、次のリストから自分がやりたいことを2つ選んでもらう。やりたいことを付箋紙に書き（1枚につき1つ）、ホワイトボードに貼る（所要時間5分）。

行動リスト

- 「クサいキャッチフレーズ」を活用する
- マントラ・マップを作成する
- 「ベスト・バリア」ワークショップを開催する
- ミーティングの冒頭でチームの目標を確認する
- ミーティング後の振り返りを習慣にする
- 「今週のインパクト大賞」を発表する
- 物語は貴重な資源だ
- 「カルチャー・キャプチャー」を実施する
- 人工物を活用する
- 「9つのなぜ」ゲーム
- カルチャー・ブック（デック）をつくる
- 「エクセレンスの見本」をつくる

あるいは、自分で行動を考える。

1

2

3

行動2

その行動を選んだ理由と、その行動が与えるかもしれないインパクトについて話してもらう（所要時間10分）。

行動3

チームで話し合いながら、それぞれの行動が下の図のどのマスに入るかを考える。ここでの目標は、右上のマスに入る行動（簡単にできてインパクトが大きい行動）を2つか3つ見つけることだ（所要時間10分）。

行動4

2つか3つの行動を選んだら、その行動を実行するために必要なステップを具体的に考える。明日できることは何か？　必要な道具は？　誰に参加してもらう？（所要時間10分）

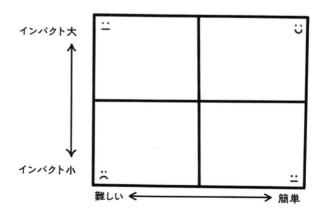

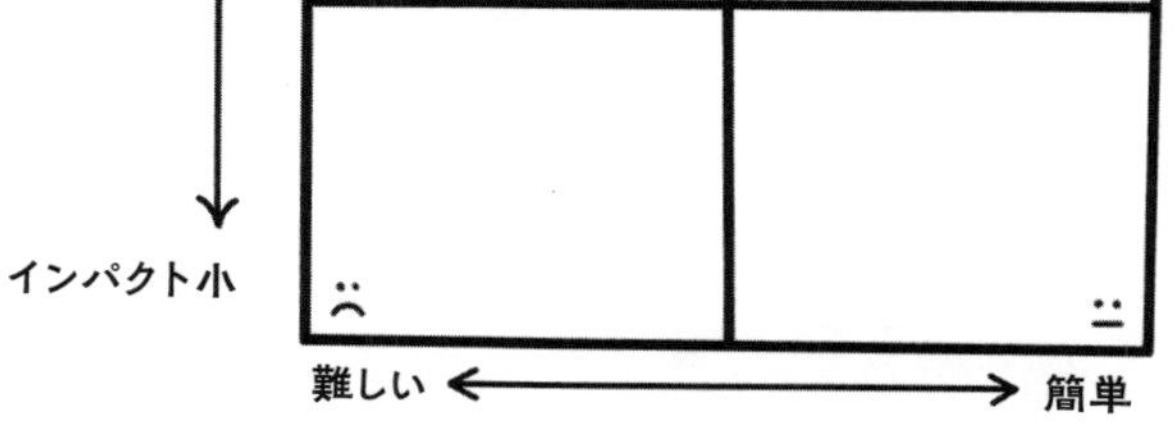

実行ステップ1

実行ステップ2

実行ステップ3

未来に向かって

チームの文化は生き物だ。

他のすべての生き物と同じように、つねに進化し、変化している。チームの文化の強さを維持するには、変化の過程を追い、この先に待ち受けているかもしれないチームの文化を変える力に注意を払わなければならない。

ここで1つ忠告がある。

それは、チームの文化を構築する行動は、それがどんなものであっても、即効性は期待できないということだ。それらは解決策というよりも、むしろ実験の連続だと考えたほうがいいだろう。

あなたはその実験の過程で自分のチームについて学び、そして自分自身についても学ぶ。どちらも同じくらい大切なことだ。

■進捗状況をチェックする

チームの文化を構築する行動のうち、あなたはどれを実行したか？

行動1

行動2

行動3

実行するのがいちばん楽しみだったのはどの行動か？

行動1は効果があったか？　効果があった理由、あるいはなかった理由は？

行動1をやり直せるとしたら、あなたとチームのメンバーはどこをもっとがんばるだろう？どこのやり方を変えるだろう？

あなたはこの行動を通じてリーダーとしてどのように成長したか？　またチームはどのように成長したか？

YOUR TURN

行動2は効果があったか？　効果があった理由、あるいはなかった理由は？

行動2をやり直せるとしたら、あなたとチームのメンバーはどこをもっとがんばるだろう？
どこのやり方を変えるだろう？

あなたはこの行動を通じてリーダーとしてどのように成長したか？　またチームはどのように成長したか？

行動3は効果があったか？　効果があった理由、あるいはなかった理由は？

行動3をやり直せるとしたら、あなたとチームのメンバーはどこをもっとがんばるだろう？　どこのやり方を変えるだろう？

あなたはこの行動を通じてリーダーとしてどのように成長したか？　またチームはどのように成長したか？

チームの未来

思考実験1

今は1年後の未来で、あなたのチームの文化が大幅に向上していると想像してみよう。どんなことが原因となって、その未来が実現したのだろうか?

思考実験2

今は1年後の未来で、あなたのチームの文化が大幅に悪化していると想像してみよう。どんなことが原因となって、その未来が実現したのだろうか?

現在から5年ほど先まで、あなたのチームをとりまく環境がどうなっているかを考える。次に、チームの成功に影響を与える大きな力を3つか4つあげる(たとえば、変化の速度、顧客の好みの変化、競争の激化、など)。

未来の環境で成功するためにチームに必要なスキルをいくつかあげる。

例としては、私たちのチームにはイノベーションのスキルが必要だろうか？　顧客ロイヤルティを構築するスキルは必要だろうか？　3つか4つ考える。


先にあげたスキルを磨くのに必要な価値観について考える。

ここは「もし○○○なら○○○だ」という構文で考えるといいかもしれない。

たとえば、「もしイノベーションのスキルを磨きたいなら、コラボレーションを大切にしなければならない」「もし顧客ロイヤルティを構築したいなら、人間関係を大切にしなければならない」というように。

未来のチームのために「目標のステートメント」を書く。ざっくりした内容でかまわない。チームが世界に与えたい影響と、それを実現する方法を、2つか3つの文で表現する。完璧なステートメントをつくる必要はない。とりあえず形にして、後は他のメンバーと一緒に磨いていこう。

ここまで読み、課題にも取り組んでくれてどうもありがとう。

あなたのチームの文化は、他のすべての文化と同じように、つねに現在進行形だ。

これから前へ進んでいく過程で、アイデアを出したり、可能性について考えたり、誰かとの会話が必要になったりするだろう。

そんなときは、「アイデアメモ」を用意して記入し、活用してもらいたい。

謝辞

私のために貴重な時間を割き、専門知識を惜しみなく提供してくれたすべてのリーダー、教師、コーチ、科学者、そして友人たちに感謝の意を捧げる。

この本の編集を担当してすばらしい仕事をしてくれたアンディ・ウォードと、ペンギン・ランダムハウス傘下のバンタムで働くその他の編集者たち、ケイリー・スバーウォル、シャイアン・スキート、キム・ハーヴィ、エリザベス・マグナス、デビー・アロフ、モーガン・ホイト、サラ・ブリーヴォーゲル、リチャード・エルマン、バーバラ・バックマン、ルビー・レヴェスク、ロバート・シークにも感謝を。

優秀なエージェントのデーヴィッド・ブラック、そしてスーザン・ライホファー、レイチェル・ルドヴィグ、アナガ・プトレヴ、アイラ・ズロー＝フリードランドにも感謝する。

メジャーリーグのクリーブランド・ガーディアンズのすべての関係者には、その温かさ、賢さ、寛容さに感謝する。

同じ「ショート・キング」仲間のポール・コックスとダグ・ヴァヘイにも感謝を。

兄弟のモーリスとジョン・コイル、姪のロージー・コイルには、その思慮深い助言に感謝する。

子どもたちのエイダン、ケイティ、リア、ゾーイは、たくさんのアイデアやひらめきを提供してくれた。なかでもゾーイとは、本書のイラストのアイデア出しと作成で楽しく共同作業をすることができた。

そして何よりも、妻のジェニーに大きな感謝を捧げたい。

すべてのよきことは、彼女の愛、知恵、サポートから生まれる。

【著者紹介】

ダニエル・コイル（Daniel Coyle）

◉――ニューヨーク・タイムズ・ベストセラー作家。主な著作は、『THE CULTURE CODE 最強チームをつくる方法』（小社刊）、『天才はディープ・プラクティスと1万時間の法則でつくられる』（パンローリング）など。タイラー・ハミルトンとの共著『シークレット・レース：ツール・ド・フランスの知られざる内幕』（小学館）で、2012年、ウィリアム・ヒル・スポーツ・ブック・オブ・ザ・イヤーをハミルトンとともに受賞。メジャーリーグのクリーブランド・ガーディアンズで特別顧問を務める。家族は妻のジェニーと4人の子供。子供の学校のある時期はオハイオ州クリーブランドで、夏の間はアラスカ州ホーマーで暮らす。

【訳者紹介】

桜田　直美（さくらだ・なおみ）

◉――翻訳家。早稲田大学第一文学部卒。訳書に『THE CULTURE CODE 最強チームをつくる方法』『THE CATALYST 一瞬で人の心が変わる伝え方の技術』（いずれも小社刊）、『ポリティカル・スキル 人と組織を思い通りに動かす技術』『アメリカの高校生が学んでいる投資の教科書』（SBクリエイティブ）、『言語の力』（KADOKAWA）、『まっすぐ考える 考えた瞬間、最良の答えだけに向かう頭づくり』（サンマーク出版）、『「自信がない」という価値』（河出書房新社）など多数。

THE CULTURE PLAYBOOK 最強《さいきょう》チームをつくる方法《ほうほう》　実践編《じっせんへん》

2024年6月17日　第1刷発行

著　者――ダニエル・コイル
訳　者――桜田　直美
発行者――齊藤　龍男
発行所――株式会社かんき出版
東京都千代田区麴町4-1-4 西脇ビル　〒102-0083
電話　営業部：03(3262)8011㈹　編集部：03(3262)8012㈹
FAX　03(3234)4421　振替　00100-2-62304
https://kanki-pub.co.jp/

印刷所――図書印刷株式会社

　ISBN978-4-7612-7746-8 C0030